रेती के फूल

[निबन्ध]

रेती के फूल

रामधारी सिंह 'दिनकर'

लोकभारती प्रकाशन

लोकभारती प्रकाशन
पहली मंजिल, दरबारी बिल्डिंग, महात्मा गांधी मार्ग
प्रयागराज-211 001
वेबसाइट : www.lokbhartiprakashan.com
ईमेल : info@lokbhartiprakashan.com

शाखाएँ : 1-बी, नेताजी सुभाष मार्ग, दरियागंज
नई दिल्ली-110 002
अशोक राजपथ, साइंस कॉलेज के सामने
पटना-800 006
1, अनमोल सोराबजी संतुक लेन, धोबी तलाव,
मरीन लाइंस, मुम्बई-400 002

पहला संस्करण : 1954
पहला (लोकभारती) संस्करण : 2019
दूसरा संस्करण : 2024

मुद्रक : विकास कंप्यूटर एंड प्रिंटर्स
ट्रॉनिका सिटी-201 102

RETI KE PHOOL
Essays by Ramdhari Singh 'Dinkar'

ISBN : 978-93-89243-84-0

मूल्य : ₹495

हम रेती के फूल, कहो, कैसे जीते हैं?
जड़ में है जो धूल,
आग है, चिनगारी है।
सूख रहा है मूल,
ताप रवि का भारी है।
सिकताओं का देश,
चमकता जो, मृगजल है।
नहीं मृत्ति का लेश, कहो, कैसे जीते हैं?

प्राक्कथन

पूज्य राष्ट्रकवि रामधारी सिंह 'दिनकर' को गुजरे छियालीस वर्ष हो गए। अब उनकी 110वीं जयन्ती का वर्ष बीत रहा है।

यूँ तो महाकवि दिनकर जी को राष्ट्रकवि कहा गया है पर महीयसी महादेवी वर्मा ने कहा था कि वे विश्वकवि हैं, क्योंकि उनकी कविताओं में मात्र राष्ट्रीयता की वाणी और उसकी स्वायत्तता का गौरवगान और संघर्ष नहीं है वरन् प्रेम का एक व्यापक क्षितिज है जो उन्हें विश्वकवि की श्रेणी में ले आता है। वस्तुतः दिनकर जी एक ही साथ विश्वकवि, महाकवि, राष्ट्रकवि और जनकवि–सभी हैं। उनकी विभिन्न कविताओं में भिन्न-भिन्न तौर पर उनके काव्य-व्यक्तित्व का वैशिष्ट्य प्रकट होता है।

दिनकर जी आज भी पाठकों के सर्वाधिक प्रिय कवि हैं और प्रासंगिक भी। उनकी कविताओं में आग है, राग है और अध्यात्म है। उनकी कविताओं का अवगाहन कर प्रतीत होता है कि वे अपने समकालीन कवियों से अलग तरीके से पाठकों के समक्ष प्रकट होते हैं।

दिनकर जी ने कहा था कि सच्चा कवि हमेशा जीवित रहता है–उसके प्रति राग और द्वेष के कारण उसके सामने उसका सही मूल्यांकन नहीं हो पाता। किसी कवि का सही मूल्यांकन उसके निधन के पचास वर्ष बाद होता है। और हम देख रहे हैं, जैसे-जैसे समय गुजरता जा रहा है, दिनकर जी की कविताओं की लोकप्रियता बढ़ती जा रही है।

पूर्व में दिनकर जी की सभी किताबें लोकभारती प्रकाशन से कुछ नवीन स्वरूप और अलग नाम देकर प्रकाशित हुई थीं। अब सभी पुस्तकें अपने पुराने नाम और प्रारूप में प्रकाशित हो रही हैं। आशा है, इससे दिनकर-प्रेमी हिन्दी साहित्य जगत् संतुष्ट होगा।

–अरविन्द कुमार सिंह

दिनकर भवन
आर्य कुमार रोड
पटना-800004

दो शब्द

'रेती के फूल' में मेरे हाल के कुछ निबन्ध संगृहीत हैं। दो-एक ऐसे भी हैं जो पहले के संग्रहों में निकल चुके थे। किन्तु इन सभी निबन्धों का धरातल और स्वभाव, प्रायः, एक-सा है, इसलिए उन्हें एक संग्रह में निकाल देना अच्छा जान पड़ा।

इन निबन्धों में कलाकारिता चाहे जैसी भी हो, किन्तु कुछ विचार हैं जिन्हें मैं अपने पाठकों, विशेषतः, नवयुवक पाठकों के सामने रखना चाहता हूँ। आशा है, मेरी शंकाएँ और मेरे विचार पाठकों के हृदय-मस्तिष्क के सामने पहुँच सकेंगे। इति।

1954 ई. **—दिनकर**

अनुक्रम

हिम्मत और जिन्दगी

जिन्दगी के असली मजे उनके लिए नहीं हैं, जो फूलों की छाँह के नीचे खेलते और सोते हैं; बल्कि फूलों की छाँह के नीचे अगर जीवन का कोई स्वाद छिपा है तो वह भी उन्हीं के लिए है जो दूर रेगिस्तान से आ रहे हैं, जिनका कंठ सूखा हुआ, होंठ फटे हुए और सारा बदन पसीनों से तर है। पानी में जो अमृतवाला तत्त्व है, उसे वह जानता है जो धूप में खूब सूख चुका है; वह नहीं, जो रेगिस्तान में कभी पड़ा ही नहीं है।

सुख देनेवाली चीजें पहले भी थीं और अब भी हैं। फर्क यह है कि जो सुखों का मूल्य पहले चुकाते हैं और उनके मजे बाद को लेते हैं, उन्हें स्वाद अधिक मिलता है। जिन्हें आराम आसानी से मिल जाता है, उनके लिए आराम ही मौत है।

जो लोग पाँव भीगने के खौफ से पानी से बचते हैं, समुद्र में डूब जाने का खतरा उन्हीं के लिए है। लहरों में तैरने का जिन्हें अभ्यास है, वे मोती लेकर बाहर आएँगे।

चाँदनी की ताजगी और शीतलता का आनन्द वह मनुष्य लेता है, जो दिन-भर धूप में खटकर लौटा है, जिसके शरीर को अब तरलाई की जरूरत महसूस होती है और जिसका मन यह जानकर संतुष्ट है कि दिन-भर का समय उसने किसी अच्छे काम में लगाया है।

इसके विपरीत वह आदमी भी है, जो दिन भर खिड़कियाँ बन्द करके पंखों के नीचे छिपा हुआ था और अब रात में जिसकी मेज बाहर चाँदनी में लगाई गई है। भ्रम तो शायद उसे भी होता होगा कि वह चाँदनी के मजे ले रहा है, लेकिन सच पूछिए तो वह खुशबूदार फूलों के रस में दिन-रात सड़ रहा है।

उपवास और संयम–ये आत्महत्या के साधन नहीं हैं। भोजन का असली स्वाद उसी को मिलता है जो कुछ दिन बिना खाए भी रह सकता है : 'सत्यक्तेन भुंजीथाः'–जीवन का भोग त्याग के साथ करो, यह केवल परमार्थ का ही उपदेश नहीं है, क्योंकि संयम से भोग करने पर जीवन से जो आनन्द प्राप्त होता है, वह निरा भोगी बनकर भोगने से नहीं मिल पाता।

बड़ी चीजें बड़े संकटों में विकास पाती हैं; बड़ी हस्तियाँ बड़ी मुसीबतों में पलकर दुनिया पर कब्जा करती हैं। अकबर ने तेरह साल की उम्र में अपने बाप के दुश्मन को परास्त कर दिया था, जिसका एकमात्र कारण यह था कि अकबर का जन्म रेगिस्तान में हुआ था और वह भी उस समय, जब उसके बाप के पास एक कस्तूरी को छोड़कर और कोई दौलत नहीं थी।

महाभारत में देश के प्रायः अधिकांश वीर कौरवों के पक्ष में थे। मगर फिर भी जीत पांडवों की हुई; क्योंकि उन्होंने लाक्षगृह की मुसीबत झेली थी, क्योंकि उन्होंने वनवास की जोखिम को पार किया था।

श्री विन्स्टन चर्चिल ने कहा है कि जिन्दगी की सबसे बड़ी सिफत हिम्मत है। आदमी के और सारे गुण उसके हिम्मती होने से ही पैदा होते हैं।

जिन्दगी की दो सूरतें हैं। एक तो यह कि आदमी बड़े-से-बड़े मकसद के लिए कोशिश करे, जगमगाती हुई जीत पर पंजा डालने के लिए

हाथ बढ़ाए और अगर असफलताएँ कदम-कदम पर जोश की रोशनी के साथ अन्धियाली का जाल बुन रही हों तब भी वह पीछे को पाँव न हटाए।

दूसरी सूरत यह है कि वह उन गरीब आत्माओं की हमजोली बन जाए, जो न तो बहुत अधिक सुख पाती हैं और न जिन्हें बहुत अधिक दुःख पाने का ही संयोग है, क्योंकि ये आत्माएँ ऐसी गोधूलि में बसती हैं, जहाँ न तो जीत हँसती है और न कभी हार के रोने की आवाज सुनाई पड़ती है। इस गोधूलिवाली दुनिया के लोग बँधे हुए घाट का पानी पीते हैं; वे जिन्दगी के साथ जुआ नहीं खेल सकते और कौन कहता है कि पूरी जिन्दगी को दाँव पर लगा देने में कोई आनन्द नहीं है?

अगर रास्ता आगे-ही-आगे निकल रहा हो तो फिर असली मजा तो पाँव बढ़ाते जाने में ही है।

साहस की जिन्दगी सबसे बड़ी जिन्दगी होती है। ऐसी जिन्दगी की सबसे बड़ी पहचान यह है कि वह बिलकुल निडर, बिलकुल बेखौफ होती है। साहसी मनुष्य की पहली पहचान यह है कि वह इस बात की चिन्ता नहीं करता कि तमाशा देखनेवाले लोग उसके बारे में क्या सोच रहे हैं। जनमत की उपेक्षा करके जीनेवाला आदमी दुनिया की असली ताकत होता है और मनुष्यता को प्रकाश भी उसी आदमी से मिलता है। अड़ोस-पड़ोस को देखकर चलना, यह साधारण जीव का काम है। क्रान्ति करनेवाले लोग अपने उद्देश्य की तुलना न तो पड़ोसी के उद्देश्य से करते हैं और न अपनी चाल को ही पड़ोसी की चाल देखकर मद्धिम बनाते हैं।

साहसी मनुष्य उन सपनों में भी रस लेता है जिन सपनों के कोई व्यावहारिक अर्थ नहीं हैं।

साहसी मनुष्य सपने उधार नहीं लेता; वह अपने विचारों में रमा हुआ अपनी ही किताब पढ़ता है।

झुंड में चलना और झुंड में चरना, यह भैंस और भेड़ का काम है। सिंह तो बिलकुल अकेला होने पर भी मग्न रहता है!

अर्नाल्ड बेनेट ने एक जगह लिखा है कि जो आदमी यह महसूस करता है कि किसी महान निश्चय के समय वह साहस से काम नहीं ले

सका, जिन्दगी की चुनौती को कबूल नहीं कर सका, वह सुखी नहीं हो सकता। बड़े मौके पर साहस नहीं दिखानेवाला आदमी बराबर अपनी आत्मा के भीतर एक आवाज सुनता रहता है, एक ऐसी आवाज, जिसे वही सुन सकता है और जिसे वह रोक भी नहीं सकता। यह आवाज उसे बराबर कहती रहती है, 'तुम साहस नहीं दिखा सके, तुम कायर की तरह भाग खड़े हुए।' सांसारिक अर्थ में जिसे हम सुख कहते हैं, उसका न मिलना, फिर भी इससे कहीं श्रेष्ठ है कि मरने के समय हम अपनी आत्मा से यह धिक्कार सुनें कि तुममें हिम्मत की कमी थी, कि तुममें साहस का अभाव था, कि तुम ठीक वक्त पर जिन्दगी से भाग खड़े हुए।

जिन्दगी को ठीक से जीना हमेशा ही जोखिम झेलना है और जो आदमी सकुशल जीने के लिए जोखिम की हर जगह पर एक घेरा डालता है, वह अन्ततः अपने ही घेरों के बीच कैद हो जाता है और जिन्दगी का कोई मजा उसे नहीं मिल पाता; क्योंकि जोखिम से बचने की कोशिश में, असल में, उसने जिन्दगी को ही आने से रोक रखा है।

जिन्दगी से, अन्त में, हम उतना ही पाते हैं जितनी कि उसमें पूँजी लगाते हैं। यह पूँजी लगाना जिन्दगी के संकटों का सामना करना है, उसके उस पन्ने को उलटकर पढ़ना है जिसके सभी अक्षर फूलों से ही नहीं, कुछ अंगारों से भी लिखे गए हैं। जिन्दगी का भेद कुछ उसे ही मालूम है जो यह जानकर चलता है कि जिन्दगी कहीं भी खत्म न होनेवाली चीज है।

अरे, ओ जीवन के साधको! तुम निचली डाल का फल तोड़कर लौटे जा रहे हो, तो फिर फुनगी पर का वह लाल-लाल आम किसके वास्ते है?

अरे, ओ जीवन के साधको! अगर किनारे की मरी हुई सीपियों से ही तुम्हें संतोष हो जाए तो समुद्र के अन्तराल में छिपे हुए मौक्तिक-कोष को कौन बाहर लाएगा?

दुनिया में जितने भी मजे बिखेरे गए हैं, उनमें तुम्हारा भी हिस्सा है। वह चीज भी तुम्हारी हो सकती है, जिसे तुम अपनी पहुँच के परे मानकर लौटे जा रहे हो।

कामना का अंचल छोटा मत करो, जिन्दगी के फल को दोनों हाथों से दबाकर निचोड़ो, रस की निर्झरी तुम्हारे बहाये भी बह सकती है।

यह अरण्य, झुरमुट जो काटे अपनी राह बना ले,
क्रीत दास यह नहीं किसी का जो चाहे अपना ले।
जीवन उनका नहीं युधिष्ठिर! जो युद्ध से डरते हैं।
वह उनका जो चरण रोप निर्भय होकर लड़ते हैं।

चालीस की उम्र

कहते हैं, जवानी शरीर में नहीं, शरीर के भीतर कहीं दिल में रहती है। भीतर से फूटनेवाला उमंगों का फव्वारा जिनका ताजा और जवान है, वे उम्र के उतार के मौसम में भी जवान ही रहते हैं। फिर भी, जो लोग उम्र की चोटी पर से उमंगों के साथ उतर रहे हैं, वे भी अगर अपने-आपसे तटस्थ होकर सोचें, तो उन्हें पता चलेगा कि यह जवानी केवल मन की जवानी है।

आदमी सब दिन जवान रहे, यह उसके मन पर निर्भर करता है। मगर दुनिया मन के जवानों को ठीक उसी दृष्टि से तो नहीं देखती, जिस दृष्टि से वह तन के जवानों को देखा करती है। और मन से आप कितने भी जवान क्यों न हों, चालीस के बाद आपको दुनिया के हाथों वही प्यार, प्रोत्साहन और दुलार नहीं मिल सकता, जो चालीस के पहले मिला करता था।

बाग में जाइए। जो पौधे बनने के क्रम में हैं, उन पर माली की खास नजर रहती है। वह रोज उनकी क्यारियों को साफ करके उनमें पानी पटाता है और छुरी तथा कैंची के प्रयोग से उनके रूप को सँवारने की कोशिश करता है। पौधे जरा अल्हड़ होते हैं। वे कभी इस बाँह को फैलाकर इधर के पड़ोसी को छेड़ते हैं और कभी उस बाँह को फैलाकर उधर के पड़ोसी को। मगर माली उनके सभी नाजों को मुहब्बत की नजर से देखता है और झिड़कने के बदले वह उन्हें पुचकारकर ही ठीक करता है।

लेकिन क्या बने हुए वृक्ष भी इस मुहब्बत और पुचकार की आशा कर सकते हैं? देखिए न उनकी सरपट बनी हुई क्यारियों को! मालूम होता है, वर्षों से यहाँ न तो खुरपी के होंठ से सुधा छलकी है और न घड़ों के मुख से संजीवनी।

बेचारे बने हुए वृक्ष! पहले ये जो कुछ पा चुके हैं, अब उसकी कीमत अदा करना इनका काम रह गया है। ये आम के पेड़ हैं। पानी अब इन्हें उतना ही मिलता है, जो वर्षा के दिन में आन गिरता है और अमृत भी ये उतना ही पी सकते हैं जो चाँदनी के कोष में इनके हिस्से का है। हर भोर और शाम को माली इनकी ओर भी देखे, इतनी उसे फुरसत कहाँ! माली की नजर से इनकी नजर अब केवल माघ और फागुन के महीनों में मिलती है, जब यह देखने का समय आता है कि आमों में मंजर आए हैं या नहीं, यानी इस साल यह मजदूर फल देनेवाला है या नहीं।

जर्मन कवि गेटे ने कहा है कि दुनिया नौजवानों को इसलिए चाहती है कि वे होनहार होते हैं। मगर चालीस वर्ष का आदमी तो बहुत कुछ हो गया रहता है। फिर उसे कोई प्यार और प्रोत्साहन देनेवाली दृष्टि से क्यों देखे?

जो तन से जवान हैं, दुनिया उनका जुल्म सहकर भी उन्हें प्रोत्साहन देती है; किन्तु चालीस के बाद के आदमी की, चाहे वह मन से जवान ही क्यों न हो, समाज में आलोचना शुरू हो जाती है। यह समय वह होता है जब प्रशंसा और प्रोत्साहन बदलकर उम्मीद बन जाते हैं। इसलिए संसार चालीस के बाद के मनुष्य को देता कम, उससे चाहता अधिक है। अब

लोग हमारी टहनियाँ नहीं गिनते, हमारे पत्तों की हरियाली से तृप्त नहीं होते; अब तो वे हमारे फल ही गिनेंगे। और यही वह बिन्दु है, जहाँ चालीस के शिकार को जीवन में नई दिशा की खोज करनी चाहिए। और वह नई दिशा है, 'अब से माँगो कम, किन्तु दान अधिक दो।'

चालीस की उम्र वह रेखा है, जिसे पार कर हम उन लोगों के झुंड में जा मिलते हैं, जो लेने नहीं, देनेवाले हैं, जो खाते कम, कमाते अधिक हैं; जो खुद कन्धे पर नहीं बैठकर दूसरों को ही अपने कन्धों पर बिठाया करते हैं।

बीसी और तीसी वह समय है, जब आदमी नई दोस्ती की मिठास और मुहब्बत की रंगीनी से छका रहता है। इस उम्र में आदमी फूलों के कपोलों पर टपकनेवाली शबनम की आवाज को सुन सकता है और ऊषा के प्रदेश में जो माधुरी और सौरभ है, उसे जी भरकर अपने भीतर खींच सकता है। मगर चालीस लगते ही नाटक के परदे बदलने लगते हैं और यह परिवर्तन आदमी को अच्छा नहीं लगता।

इस समय किसी-किसी को यह भ्रम भी हो जाता है कि उसके स्वास्थ्य में कहीं कोई गड़बड़ी तो नहीं हो गई है? उसका आमाशय कुछ खराब तो नहीं हो गया है? और वह डॉक्टर से पूछ-ताछ करने लगता है। मगर डॉक्टरों की प्रायः एक ही राय होती है कि 'सब ठीक है, कोई खास बात नहीं; जरा खाने-पीने पर ध्यान रखिए।' लेकिन खाने-पीने से क्या होता है? चाहे जितना खाओ, चाहे जितना पीओ, चालीस के बाद आनन्द की दिशा बदल जाती है।

मैंने उम्र की तलवार से कटे हुए कितने ही लोगों को झींखते देखा है। लेकिन यह झींखना किस काम का? दोपहरी को ऊषा बनाना कठिन है और फिक्र करने से तो दोपहरी और भी तेजी से ढलने लगेगी। समय रुकने का नहीं। वह बढ़ता ही जाएगा। और यह भी ठीक है कि ऊषा के जो कर्तव्य और आनन्द हैं, वे दोपहरी के कर्तव्य और आनन्द से भिन्न होते हैं। लेकिन यह समझना भूल है कि भोर में आदमी को जैसा संतोष प्राप्त होता है, दोपहर में उसे वैसा आनन्द नहीं मिल सकता। जरूरत है समय के साथ बदलते रहने की।

पुराने जमाने के बहुत से लोग आज की दुनिया में झख मारकर जी रहे हैं; क्योंकि आज वे बहुत-सी ऐसी बातें देख रहे हैं जो उन्हें पसन्द नहीं हैं और जिन्हें वे बदल भी नहीं सकते। उनकी वेदना समय के गियर (Gear) से छूट जाने की वेदना है और इसका एकमात्र इलाज भी यही है कि वे किसी-न-किसी प्रकार जिन्दगी के गियर से अपना मेल बिठा लें। मेल बैठ जाने पर फिर कोई दिक्कत नहीं होती। इसीलिए, अपना तो यह विचार है कि घड़ी की सूई जब चालीस पर पहुँचे, तब आदमी को उदास नहीं होना चाहिए और न सूई को नकली तौर पर पीछे ही ले जाने की कोशिश करनी चाहिए।

जिसे हम मन की जवानी कहते हैं, वह उम्र को कोड़े मारकर हाँकने की कला का नाम नहीं है। उम्र के साथ हमारे शरीर और मन में जो परिवर्तन होने लगते हैं, उनका प्रसन्नतापूर्वक साथ देने के लिए दिमाग को राजी करना ही मन की असली जवानी है। साथ तो देना ही पड़ता है। अब बात रह जाती है कि दिमाग तल्खी के साथ साथ देता है या मौज के साथ। जिसने मौज के साथ साथ दिया, उसे पछताने की जरूरत नहीं होती।

सच पूछिए तो चालीस की उम्र में आकर भी जिन्दगी नये ढंग से शुरू की जा सकती है; बल्कि यों कहना चाहिए कि जिन्दगी, असल में, यहीं से शुरू होती है, बशर्ते कि हम उसके लिए तैयार हों। कल तक हमने जो कुछ भी संचय किया है, आज से हमें उसे खर्च करना चाहिए। चालीस के पहले तक दुनिया हमारी पीठ पर इसलिए अपना हाथ दिये थी कि अपने समय में पहुँचकर हम भी आनेवाली पीढ़ियों की पीठ पर अपना हाथ रखें। पहले हमने जो आशीर्वाद अर्जित किया है, अब हमें उसे विसर्जित करना होगा। हम पुत्र थे, अब पिता हो गए हैं। पिता का धर्म माँगना नहीं, बल्कि अपने-आपको उत्सर्ग करना है। और उत्सर्ग में जो आनन्द है, वह याचना से क्या कम पड़ेगा?

जवानी में जब हम कदम बदलते हैं अथवा एक रास्ते को छोड़कर दूसरे को अपनाना चाहते हैं, तब दुनिया कुछ बुरा नहीं मानती, बल्कि तब भी वह हमारे साथ हामी ही भरती है। किन्तु प्रौढ़ावस्था में पहुँचते ही हमें

कदम बदलने का अधिकार नहीं रह जाता। हाँ, जरूरत पड़ने पर हम कन्धे बदले सकते हैं। और तब भी, जब-जब हम कन्धे बदलते हैं, किसी-न-किसी तरफ से आवाज आ ही जाती है कि 'आदमी हाँफ गया है; अच्छा, कन्धे बदलकर ही सही।'

लेकिन क्या चालीस के बाद कदम बदलने की जरूरत रह जाती है? अर्थात् चालीस के बाद अगर हम एक ही राह पर चलते रहना चाहते हैं, तो क्या इसका कारण यह है कि हम संसार का भय मानते हैं? शायद नहीं। जिसे जो कुछ बनना होता है, वह चालीस के पहले ही बन चुका होता है। क्रान्ति के पहले वेग चालीस के बाद नहीं पैदा होते। कविता की पहली कोंपल चालीस के बाद नहीं फूटती और दर्शन का तेज चालीसवें आसमान पर चढ़कर ही जन्म नहीं लेता है। हाँ, क्रान्ति, कविता और दर्शन के जो रूप चालीस तक परिपक्व हो जाते हैं, आगे की जिन्दगी में उन्हीं का चमत्कार काम करता है।

जवानी तो अल्हड़ होती है और उसमें एक प्रकार का अभिमान भी होता है, जो खूबसूरत है। मगर चालीस में भी एक तरह का भाव है, जिसे हम अहंकार या अभिमान कह सकते हैं। एक बार चालीस वर्ष के एक आदमी ने अपनी सभी डिग्रियों को जला डाला। उसने सोचा, 'अब इन प्रमाण-पत्रों को कहाँ तक ढोता फिरूँ? क्या डिग्रियाँ अब भी मेरे रग-रेशे में नहीं पच सकी हैं? ये डिग्रियाँ जिस सौरभ का गूँगा प्रमाण हैं, क्या वह सौरभ मेरी साँसों में नहीं रम चुका है? क्या अभी भी मुझे चिल्ला-चिल्लाकर कहते रहना होगा कि मैं कॉलेजों में भी गया हूँ, स्कूलों में भी पढ़ चुका हूँ?'

एक तरह से समझिए तो चालीस की उम्र निराशा और उदासी की सूखी घड़ी न होकर आशा और उल्लास की ही नई बरसात है। जो घटा अपनी रंगीनियों के साथ आकाश के कोने-कोने में आनन्द से मँडरा रही थी, अब वह बरसनेवाली है। यह वह मौसम है, जब आम में फल लगते और पककर तैयार होते हैं। यह ठीक है कि जब कोयल मंजरियों के कुंज में प्रवेश करती है, तब प्राणों को पागल कर देनेवाली सुगन्ध उसके कंठ से निकलनेवाली प्रत्येक पुकार को कविता का उच्छ्वास बना देती है। मगर

रसाल जब पककर तैयार हो जाता है, तब उसे चूसनेवाले रसज्ञ की भी आँखें आनन्द की सिहरन से बन्द हो जाती हैं। पके हुए फल के भीतर भी एक कविता है, जो सिर्फ सूँघने की वस्तु नहीं, बल्कि रक्त में मिला लेने की चीज है।

वसंत और शिशिर में कुछ भेद तो होते हैं, किन्तु ऐसे नहीं कि एक के सामने दूसरा कुछ हो ही नहीं। वसंत की सुषमा और सौख्य शिशिर के बारीक आनन्द से भिन्न होते हैं, फिर भी शिशिर के भी अपने मूल्य हैं। जो इन मूल्यों को समझता है, उसे निराशा नहीं होती। मगर जो उन्हें नहीं देख सकता, उसे तो वसंत के नाम पर रोना ही पड़ेगा।

बीस की उम्र बड़ी ही अच्छी चीज है, मगर वह तो एक ही बार आ सकती है। और चालीस की उम्र भी बड़ी ही बेजोड़ हो, अगर लोग उसे इस चिन्ता में बिगाड़ न दें कि हम बीस के ही क्यों नहीं बने रहे।

समय तो हमारा शत्रु नहीं हो सकता। अपनी प्रगति से वह हमें सम्पन्न ही बनाता है। गुलाब पर ऊषा की बूँदों को तो हम फिर से नहीं सजा सकते, मगर गुलाब तो हमारे हाथ में है।

ईर्ष्या, तू न गई मेरे मन से

मेरे घर के दाहिने एक वकील रहते हैं, जो खाने-पीने से अच्छे हैं, दोस्तों को भी खूब खिलाते हैं और सभा-सोसाइटियों में भी काफी भाग लेते हैं। बाल-बच्चों से भरा-पूरा परिवार, नौकर भी सुख देनेवाले और पत्नी भी अत्यन्त मृदुभाषिणी। भला सुखी मनुष्य को और क्या चाहिए?

मगर, वे सुखी नहीं हैं। उनके भीतर कौन-सा दाह है, इसे मैं भली भाँति जानता हूँ। दरअसल उनकी बगल में जो बीमा-एजेंट हैं, उनके विभव की वृद्धि से वकील साहब का कलेजा जलता रहता है। वकील साहब को भगवान ने जो कुछ दे रखा है, वह उनके लिए काफी नहीं दीखता। वे इस चिन्ता में भुने जा रहे हैं कि काश, एजेंट की मोटर, उसकी मासिक आय और उसकी तड़क-भड़क भी मेरी हुई होती!

ईर्ष्या का यही अनोखा वरदान है। जिस मनुष्य के हृदय में ईर्ष्या घर बना लेती है, वह उन चीजों से आनन्द नहीं उठाता जो उसके पास मौजूद

हैं, बल्कि उन वस्तुओं से दुःख उठाता है जो दूसरों के पास हैं। वह अपनी तुलना दूसरों के साथ करता है और इस तुलना में अपने पक्ष के सभी अभाव उसके हृदय पर दंश मारते रहते हैं। दंश के इस दाह को भोगना कोई अच्छी बात नहीं है। मगर ईर्ष्यालु मनुष्य करे भी तो क्या? आदत से लाचार होकर उसे यह वेदना भोगनी पड़ती है।

एक उपवन को पाकर भगवान को धन्यवाद देते हुए उसका आनन्द नहीं लेना और बराबर इस चिन्ता में निमग्न रहना कि इससे भी बड़ा उपवन क्यों नहीं मिला, ऐसा दोष है जिससे ईर्ष्यालु व्यक्ति का चरित्र भी भयंकर हो उठता है। अपने अभाव पर दिन-रात सोचते-सोचते वह सृष्टि की प्रक्रिया को भूलकर विनाश में लग जाता है और अपनी उन्नति के लिए उद्यम करना छोड़कर वह दूसरों को हानि पहुँचाने को ही श्रेष्ठ कर्तव्य समझने लगता है।

ईर्ष्या की बड़ी बेटी का नाम निन्दा है। जो व्यक्ति ईर्ष्यालु होता है, वही व्यक्ति बुरी किस्म का निन्दक भी होता है। दूसरों की निन्दा वह इसलिए करता है कि इस प्रकार दूसरे लोग जनता अथवा मित्रों की आँखों से गिर जाएँगे और तब जो पद रिक्त होगा, उस पर अनायास मैं ही बिठा दिया जाऊँगा।

मगर ऐसा न आज तक हुआ है और न आगे होगा। दूसरों को गिराने की कोशिश तो अपने को बढ़ाने की कोशिश नहीं कही जा सकती। एक बात और है कि संसार में कोई भी मनुष्य निन्दा से नहीं गिरता। उसके पतन का कारण अपने ही भीतर के सद्गुणों का ह्रास होता है। इसी प्रकार कोई भी मनुष्य दूसरों की निन्दा करने से अपनी उन्नति नहीं कर सकता। उन्नति तो उसकी तभी होगी, जब वह अपने चरित्र को निर्मल बनाए तथा अपने गुणों का विकास करे।

ईर्ष्या का काम जलाना है, मगर सबसे पहले वह उसी को जलाती है जिसके हृदय में उसका जन्म होता है। आप भी ऐसे बहुत-से लोगों को जानते होंगे जो ईर्ष्या और द्वेष की साकार मूर्ति हैं और बराबर इस फिक्र में डूबे रहते हैं कि कहाँ सुननेवाले मिलें कि अपने दिल का गुबार निकालने का मौका मिले। श्रोता मिलते ही उनका ग्रामोफोन बजने लगता है और

वे बड़ी ही होशियारी के साथ एक-एक कांड इस ढब से सुनाते हैं, मानो विश्व-कल्याण को छोड़कर उनका और कोई ध्येय नहीं हो! मगर जरा उनके अपने इतिहास को भी देखिए और समझने की कोशिश कीजिए कि जब से उन्होंने इस सुकर्म का आरम्भ किया है, तब से वे अपने क्षेत्र में आगे बढ़े हैं या पीछे हटे हैं। यह भी कि अगर वे निन्दा करने में समय और शक्ति का अपव्यय नहीं करते, तो आज उनका स्थान कहाँ होता!

चिन्ता को लोग चिता कहते हैं। जिसे किसी प्रचंड चिन्ता ने पकड़ लिया है, बेचारे की जिन्दगी ही खराब हो जाती है। किन्तु ईर्ष्या, शायद चिन्ता से भी बदतर चीज है, क्योंकि वह मनुष्य के मौलिक गुणों को ही कुंठित बना डालती है।

मृत्यु फिर भी श्रेष्ठ है बनिस्बत इसके कि हमें अपने गुणों को कुंठित बनाकर जीना पड़े। चिन्ता-दग्ध मनुष्य समाज की दया का पात्र है। किन्तु ईर्ष्या से जला-भुना आदमी जहर की चलती-फिरती गठरी के समान है, जो हर जगह वायु को दूषित करती फिरती है।

ईर्ष्या मनुष्य का चारित्रिक दोष ही नहीं है, प्रत्युत इससे मनुष्य के आनन्द में भी बाधा पड़ती है। जब भी मनुष्य के हृदय में ईर्ष्या का उदय होता है, सामने का सूर्य उसे मद्धिम-सा दीखने लगता है, पक्षियों के गीत में जादू नहीं रह जाता और फूल तो ऐसे हो जाते हैं मानो वे देखने के योग्य ही न हों!

आप कहेंगे कि निन्दा के वाण से अपने प्रतिद्वन्द्वियों को बेधकर हँसने में भी आनन्द है और यह आनन्द ईर्ष्यालु व्यक्ति का सबसे बड़ा पुरस्कार है। मगर यह हँसी मनुष्य की नहीं, राक्षस की हँसी होती है और यह आनन्द भी दैत्यों का आनन्द होता है।

ईर्ष्या का सम्बन्ध प्रतिद्वन्द्विता से होता है, क्योंकि भिखमंगा करोड़पति से ईर्ष्या नहीं करता। यह एक ऐसी बात है जो ईर्ष्या के पक्ष में भी पड़ सकती है, क्योंकि प्रतिद्वन्द्विता से भी मनुष्य का विकास होता है। किन्तु अगर आप संसारव्यापी सुयश चाहते हैं तो आप शायद नेपोलियन से स्पर्धा करेंगे। मगर याद रखिए कि नेपोलियन भी सीजर से स्पर्धा करता था और सीजर सिकन्दर से तथा सिकन्दर हरक्यूलस से, जिस

हरक्यूलस के बारे में इतिहासकारों का यह मत है कि वह कभी पैदा ही नहीं हुआ।

ईर्ष्या का एक पक्ष सचमुच ही लाभदायक हो सकता है जिसके अधीन हर आदमी, हर जाति और हर दल अपने को अपने प्रतिद्वन्द्वी का समकक्ष बनाना चाहता है। किन्तु यह तभी सम्भव है जब ईर्ष्या से जो प्रेरणा आती हो, वह रचनात्मक हो। अक्सर तो ऐसा ही होता है कि ईर्ष्यालु व्यक्ति यह महसूस करता है कि कोई चीज है, जो उसके भीतर नहीं है; कोई वस्तु है, जो दूसरों के पास है। किन्तु वह यह नहीं समझ पाता कि इस वस्तु को प्राप्त कैसे करना चाहिए और गुस्से में आकर वह अपने किसी पड़ोसी, मित्र या समकालीन व्यक्ति को अपने से श्रेष्ठ मानकर उससे जलने लगता है, जबकि वे लोग भी अपने-आपसे, शायद वैसे ही असंतुष्ट हों।

आपने यह भी देखा होगा कि शरीफ लोग, अक्सर, यह सोचते हुए अपना सिर खुजलाया करते हैं कि अमुक आदमी मुझसे क्यों जलता है, मैंने तो उसका कुछ नहीं बिगाड़ा। और अमुक व्यक्ति इस कदर, मेरी निन्दा में क्यों लगा हुआ है? सच तो यह है कि मैंने सबसे अधिक भलाई उसी की की है। वे सोचते हैं, मैं तो पाक-साफ हूँ; मुझमें किसी भी व्यक्ति के लिए दुर्भावना नहीं है; बल्कि अपने दुश्मनों की भी मैं भलाई ही सोचा करता हूँ, फिर ये लोग मेरे पीछे क्यों पड़े हुए हैं? मुझमें कौन-सा वह ऐब है, जिसे दूर करके मैं इन दोस्तों को चुप कर सकता हूँ?

ईश्वरचन्द्र विद्यासागर जब इस अनुभव से होकर गुजरे, उन्होंने एक सूत्र कहा, 'तुम्हारी निन्दा वही करेगा, जिसकी तुमने भलाई की है।'

और नीत्शे जब इस कूचे से होकर निकला, तब उसने जोरों का एक ठहाका लगाया और कहा कि 'यार, ये तो बाजार की मक्खियाँ हैं, जो अकारण हमारे चारों ओर भिनभिनाया करती हैं। ये सामने हमारी प्रशंसा और पीठ पीछे निन्दा किया करती हैं। हम इनके दिमाग पर बैठे हुए हैं। ये मक्खियाँ हमें भूल नहीं सकतीं और चूँकि ये हमारे बारे में बहुत सोचा करती हैं, इसलिए ये हमसे डरती हैं और हम पर शंका भी करती हैं। ये मक्खियाँ हमें सजा देती हैं हमारे गुणों के लिए। ऐब को तो ये माफ भी

कर देंगी; क्योंकि बड़ों के ऐब माफ करने में भी एक शान है, जिस शान का स्वाद लेने को ये मक्खियाँ तरस रही हैं।'

जिनका चरित्र उन्नत है, जिनका हृदय निर्मल और विशाल है, वे कहते हैं, 'इन बेचारों की बातों से क्या चिढ़ना? ये तो खुद ही छोटे हैं।'

मगर जिनका दिल छोटा और दृष्टि संकीर्ण है, वे मानते हैं कि 'जितनी भी बड़ी हस्तियाँ हैं, उनकी निन्दा ही ठीक है।' और जब हम इनके प्रति उदारता और भलमनसाहत का बर्ताव करते हैं तब भी वे यही समझते हैं कि हम उनसे घृणा कर रहे हैं। हम चाहे उनका जितना उपकार करें, बदले में हमें अपकार ही मिलेगा।

दरअसल, हम जो उनकी निन्दा का जवाब नहीं देकर चुप्पी साधे रहते हैं, इसे भी वे हमारा अहंकार समझते हैं। खुशी तो उन्हें तभी हो सकती है, जब हम उनके धरातल पर उतरकर उनके छोटेपन के भागीदार बन जाएँ।

सारे अनुभवों को निचोड़कर नीत्शे ने एक दूसरा सूत्र कहा, 'आदमी में जो गुण महान समझे जाते हैं, उन्हीं के चलते लोग उससे जलते भी हैं।'

तो ईर्ष्यालु लोगों से बचने का क्या उपाय है? नीत्शे कहता है कि 'बाजार की मक्खियों को छोड़कर एकान्त की ओर भागो। जो कुछ भी अमर तथा महान है, उसकी रचना और निर्माण बाजार तथा सुयश से दूर रहकर किया जाता है। जो लोग नये मूल्यों का निर्माण करनेवाले हैं, वे बाजारों में नहीं बसते, वे शोहरत के पास भी नहीं रहते हैं।'

जहाँ बाजार की मक्खियाँ नहीं भिनकतीं, वह जगह एकान्त है।

यह तो हुआ ईर्ष्यालु लोगों से बचने का उपाय; किन्तु ईर्ष्या से आदमी कैसे बच सकता है?

ईर्ष्या से बचने का उपाय मानसिक अनुशासन है। जो व्यक्ति ईर्ष्यालु स्वभाव का है, उसे फालतू बातों के बारे में सोचने की आदत छोड़ देनी चाहिए। उसे यह भी पता लगाना चाहिए कि जिस अभाव के कारण वह ईर्ष्यालु बन गया है, उसकी पूर्ति का रचनात्मक तरीका क्या है? जिस दिन उसके भीतर यह जिज्ञासा जगेगी, उसी दिन से वह ईर्ष्या करना कम कर देगा।

हृदय की राह

मनुष्य दूरवीक्षण-यन्त्र से तारों को देखता तथा गणित के नियमों से उनकी पारस्परिक दूरी को मापता है। यह है मनुष्य की बुद्धि।

मनुष्य रात की निस्तब्धता में आकाश की ओर देखते-देखते स्वयं अपने हाथ से छूट जाता है। यह है उसका हृदय।

शायद वड्‌र्सवर्थ ने दावा किया था कि कवि की नई सूझ भी उतनी ही कीमती समझी जानी चाहिए जितना कि किसी वैज्ञानिक के द्वारा किया गया किसी नये नक्षत्र का अनुसंधान। किन्तु गणित की प्रामाणिकता पर भूले हुए संसार ने इस दावे को अंगीकार नहीं किया।

तो भी क्या यह सच नहीं है कि बाहर की दुनिया में खोज और अनुसंधान के जितने विशाल क्षेत्र फैले हुए हैं, उतने ही अथवा उनसे भी कहीं बड़े क्षेत्र आदमी के भीतर मौजूद हैं जहाँ अनादि काल से अनुसंधान के जारी रहते हुए भी नई सूझों का भंडार रिक्त नहीं हुआ है?

जो कुछ मनुष्य के बाहर मौजूद है, विज्ञान का आधिपत्य सबसे पहले उसी पर हुआ। पीछे विज्ञान ने मनोविज्ञान का रूप धरकर मनुष्य के भीतर वाले समुद्र में डुबकी लगाई और जो कुछ उसके हाथ लगा, उसे लेकर वह बाहर आया और कहने लगा कि जैसा बाहर है, वैसा ही भीतर भी समझो यानी धर्म मनुष्य की आदतों में से एक है, यानी प्रेम यौन-भावना को कहते हैं, यानी आस्तिकता और श्रद्धा अन्धविश्वास के नाम हैं।

विज्ञान स्थूलता चाहता है। विज्ञान को ठोस दलील चाहिए जो उसकी मुट्ठी की पकड़ में आ सके। फूलों की सुन्दरता तो असत्य कल्पना है। ठोस चीज है रंग और हरियाली पर की जानेवाली रासायनिक क्रिया। और विज्ञान से जिनकी बुद्धि परिपक्व हो गई है, वे सत्य उसको समझते हैं, जो मुट्ठी में आने योग्य और उपयोगी हो। जो चीजें मन के परदों पर रंग छिड़ककर उड़ जाती हैं, जो वस्तुएँ आनन्द की गुदगुदी पैदा करके निकल जाती हैं, बुद्धि उन्हें ग्रहण करने के योग्य नहीं समझती।

बुद्धि कहती है, आदमी सुख की खोज में है और सुख कहते हैं रोटी, कपड़े और मोटरकार को। भला तर्क जहाँ इतना ठोस हो, हृदय वहाँ पर क्या जवाब दे सकता है?

बुद्धि अपनी प्रयोगशाला में औजार लेकर घूम रही है। जो तत्त्व उसके औजार की पकड़ में नहीं आ सकते, उनका धरती पर क्या काम है?

लेकिन यह धारणा क्या ठीक है? हम हर चीज को यही सोचकर तो ग्रहण नहीं करते कि वह हमारे जीवन की बाह्य सुविधाओं के लिए आवश्यक है? फूल, पक्षी, नदी, पहाड़, मेघों की छटा, चाँदनी के सरोवर में हंस के समान मन्द-मन्द तैरता हुआ चाँद और दूबों पर चमकती हुई ओस की बूँदें तथा घर में खेलते हुए निष्कलुष शिशु हमें इसीलिए प्यारे नहीं लगते कि हम उनके उपयोग पर आँख लगाए हुए हैं? वे सहज ही सुन्दर हैं और उनके बिना जीवन कुछ-कुछ बेस्वाद हो जाएगा।

जरा सोचिए कि किसी दिन भोर को सोकर उठते ही आपको ऐसा मालूम हो कि धरती पर जितने पक्षी और फूल थे, वे रात में ही अचानक उड़ गए हैं, तो आपको दुनिया कैसी लगेगी?

इसी प्रकार अगर आपका सारा साहित्य, प्रेम और शूरता के सारे गान कहीं लुप्त हो जाएँ और आपमें से किसी को भी वे याद न रहें, तो आपकी जिन्दगी कितनी सूनी लगेगी?

कविता का जीवन में वही स्थान है जो फूलों, पक्षियों, इन्द्रधनुष और शिशुओं का है। मनुष्य के भीतर की भावनाएँ बाहर आकर इन्हीं सुषमाओं में अपनी प्रतीक और अपनी अभिव्यक्ति ढूँढ़ती हैं। सामने के फूल और मन के भीतर की कल्पना के बीच (केवल रम्भा और मेनका ही नहीं, बल्कि परब्रह्म की कल्पना को लेकर भी) एक अगोचर तार है, जो मनुष्य-मनुष्य को बाँधे हुए हैं।

जब एक मनुष्य कल-कारखानों, स्टाक-एक्सचेंजों और दफ्तरों की रुक्षता में अपने को विलीन करके संतुष्ट होने को तैयार नहीं है, जब तक कारखानों से बाहर निकलकर सजल आकाश की ओर देखने की प्रवृत्ति उसमें शेष है, जब तक शरीर के सुख की प्राप्ति के बाद वह मन के लिए भी कुछ ढूँढ़ना चाहता है तब तक उसे फूलों, नदियों और चाँदनी के साथ-साथ कल्पना-प्रसूत साहित्य की भी आवश्यकता बनी रहेगी।

इतना ही नहीं, बल्कि कविता तो जीवन की शॉर्टकट यानी सबसे छोटी राह है। एक मनुष्य से दूसरे मनुष्य तक जाने की जितनी भी पगडंडियाँ हैं, उनमें बुद्धि की पगडंडी सबसे कठिन और हृदय का रास्ता सबसे आसान है। बुद्धि जब देने चलती है, तब वह यह सोचने लगती है कि जिसे ग्रहण करना है, उसमें कौन-कौन-सी शंकाएँ उठ सकती हैं। और ग्रहण करनेवाली बुद्धि जब सामने आती है, तब वह भी सजग रहती है कि न जाने, दाता के इस दान के पीछे कौन-सा रहस्य हो! इसलिए बुद्धि का दान शायद ही कभी पूरा होता हो। उसमें से हम कुछ को लेते हैं और कुछ को यों ही छोड़ देते हैं। किन्तु हृदय-हृदय के बीच ऐसी शंकाओं के लिए जगह नहीं होती। हृदय के आसन पर से हम जब कुछ देने को उठते हैं, तब या तो वह सम्पूर्ण दान होता है अथवा सम्पूर्ण कार्पण्य। आधा दान और आधा कार्पण्य–यह हृदय का स्वभाव नहीं है।

मस्तिष्क, मस्तिष्क से दूर; किन्तु हृदय, हृदय से समीप होता है। मस्तिष्क कभी-कभी वर्ग की बपौती बन जाता है, किन्तु हृदय सर्वसाधारण के मिलन की सामान्य भूमि है। चन्द्रशेखर रमण और रमुआ तथा जवाहरलाल नेहरू और जदुआ के बीच मस्तिष्क को लेकर बड़ा भेद है, मगर हृदय को लेकर वे बहुत समीप हैं। प्रेम और घृणा, दया और क्रोध को चारों पहचानते हैं। मस्तिष्क की वाणी कभी-कभी मस्तिष्क की भी पहचान में नहीं आती है; किन्तु हृदय की आवाज को हृदय आसानी से समझ लेता है।

हृदय की राह यद्यपि जोखिम से खाली नहीं, लेकिन वह आशु-सिद्धि की राह है। जिस तलवार से कलकत्ते और नोआखाली तथा बिहार में पाकिस्तान की लड़ाई लड़ी गई, वह बुद्धि के कारखाने या अक्ल की भाथी पर नहीं गढ़ी गई थी। वह तो कविता की फौलादी भावनाओं के बीच तपकर तैयार हुई थी।

मगर ऐसा क्यों होता है? विज्ञान तो कहता है कि सबसे बड़ी शक्ति बुद्धि है। फिर बुद्धिवादियों की विजय-वैजयन्ती का दंड कवि के हृदय में क्यों गाड़ा जाता है?

ऐसा क्यों है कि गैरीबाल्डी की तलवार मैजिनी की कलम के योग के बिना नहीं चमकती, रोबसपियर की बगावत के बादल रूसो का ध्यान किए बिना नहीं उठते और जिन्ना की सीधी कार्रवाई इकबाल की प्रेरणा के बिना नहीं पूरी हो सकती?

बात स्पष्ट है। दलीलों और तर्कों के सहारे हम जिस देवता को संतुष्ट करना चाहते हैं, उसका निवास मस्तिष्क के कोठे पर नहीं बल्कि हृदय के उपवन में है।

दलील और तर्क उगलकर सामने के मनुष्य को पराजित करना विज्ञान का धर्म है। कविता तो मात्र विश्वास उगलती है।

मस्तिष्क सिद्धान्त बनाता है, हृदय उस सिद्धान्त के प्रति आस्था उत्पन्न करता है।

मस्तिष्क आदर्श की रचना करता है, हृदय लोगों को उसकी ओर चलने की प्रेरणा देता है।

मस्तिष्क विज्ञान है। वह रोज नई-नई मूर्तियों की रचना करता है।

हृदय कवि है। वह उन मूर्तियों को जीवित और चैतन्य बनाता है।

जड़ मूर्तियों के फेरे में पड़कर आपस में लड़नेवाले मनुष्यो! मस्तिष्क को छोड़कर हृदय की राह पकड़ो।

कर्म और वाणी

महाकवि अकबर सर सैयद अहमद खां के कड़े आलोचकों में से थे। मगर जब सर सैयद का देहान्त हो गया, तब अकबर साहब ने बड़ी ही ईमानदारी के साथ लिखा :

हमारी बातें ही बातें हैं, सैयद काम करता था,
न भूलो फर्क जो है, कहनेवाले करनेवाले में।

यह रहा वाणी के मुख से कर्म के अभिनन्दन का प्रमाण मगर कर्म स्वभाव से ही कुछ दर्पी होता है और शालीनता की मात्रा भी उसमें जरा वाजिबी ही वाजिबी रहती है। वह चाहता है वाणी को अपने हल में जोतना और जब वह इस प्रकार नहीं जुतती, तब कर्म उससे नाराज हो जाता है तथा उसे उलटी-सीधी सुनाने से भी नहीं चूकता।

रूस की अक्टूबर-क्रान्ति के समय रूसी साहित्य ने जो चुप्पी साधी, उससे ट्राटस्की काफी नाराज हुए और बाद को अपनी 'साहित्य और

क्रान्ति' नामक पुस्तक में उन्होंने लिखा कि 'संसार में जब भी किसी महायुग का आरम्भ होने लगता है, तब कलाएँ असहाय-सी हो जाती हैं तथा अक्टूबर-क्रान्ति के समय रूसी साहित्य ने भी इस भयानक असहायता का खूब ही प्रदर्शन किया। यज्ञ की वेदी पर कवि नहीं आए और जैसीकि उनसे उम्मीद भी थी, उन्होंने यह सिद्ध कर दिखाया कि धरती के सभी तुच्छ पुत्रों में से वे तुच्छतम हैं। उनमें से जो अपेक्षाकृत अधिक चैतन्य और अधिक सचेष्ट थे, वे एकदम चुप रह गए; बल्कि यों कहना चाहिए कि हमारे क्रान्ति के वर्ष साहित्य में पूरी नीरवता के वर्ष थे। अगर ज्वलन्त कविताएँ उस समय नहीं छप सकती थीं तो वे अब तो छप सकती हैं। और न यही आवश्यक था कि वे कविताएँ क्रान्ति के समर्थन में ही लिखी जातीं; वे क्रान्ति के विरोध में भी लिखी जा सकती थीं।'

वाणी बेचारी क्षीणकाय ठहरी और जरूरत से ज्यादा शालीन भी। भला वह इस अभियोग का उत्तर भी क्या दे? बात तो ठीक है कि वह कर्म की महिमा के लग्न को समझ नहीं सकी और गूँगी होकर उस समय विस्मय का चिह्न बनाती रह गई जब कर्म प्रहारों के आदान-प्रदान में नियुक्त था।

किन्तु अगर मेक्सिको में ट्राटस्की को रूस का विप्लवोत्तर साहित्य उपलब्ध रहा हो, तो उन्हें यह नोट भी छोड़ जाना था कि 'साहित्य को मैंने गलत समझा। दरअसल वह जीवन का फोटो नहीं, अनुभवों का चित्र होता है तथा ये अनुभव साहित्य में तब तक नहीं उतरते, जब तक कि वे जीवन के पेट में भली भांति पच-खप नहीं जाएँ।'

1919 ई. में गांधी जी और रवि बाबू के बीच जो चख-चख चली, वह प्रकारान्तर से कर्म और वाणी के इसी सनातन संघर्ष का परिणाम थी। इस बार, वाणी जुटी जरा डटकर; मगर सिद्ध यह हुआ कि वाणी के मुकाबले में हथौड़ा ही नहीं, चरखे का तकुआ भी काफी बलवान है। आश्चर्य है कि जागरण की ज्योति तो कर्म और वाणी–दोनों ही भूमियों में एक साथ ही चमकी मगर कर्म आगे बढ़ता गया और वाणी धीरे-धीरे अपने स्वप्न-नीड़ में फिर से समाविष्ट हो गई, मानो एक चिंगारी फेंक देना ही विरोध का काफी बड़ा प्रतीक हो!

जलियाँवाले बाग के हत्याकांड का पहला विरोध बंगाल से ही ध्वनित हुआ था। 30 मई, सन् 1919 ई. को रवि बाबू ने अपनी 'सर' की उपाधि लौटाते हुए सरकार को लिखा कि 'वह समय आ गया है जब इज्जत के ये निशान हमारे अपमानों की सूचना देते हैं, इसलिए मैंने निश्चय किया है कि सम्मान के इस भार को उतारकर मैं अपने उन देशवासियों के बीच निरावृत्त होकर खड़ा होऊँ, जो अपनी तथाकथित तुच्छता के कारण ही अनादर के पात्र समझे जाते हैं।'

और पहली अगस्त, 1919 ई. को गांधी जी ने भी 'कैसरे-हिन्द' का पदक सरकार को वापस कर दिया तथा वायसराय को लिखा कि 'मैं उस सरकार के लिए इज्जत या प्रेम का कोई भी भाव नहीं रखना चाहता, जो अपने पापों को छिपाने के लिए एक के बाद दूसरे जुल्म की ओर पाँव उठाते बेखौफ चली जा रही है।'

इन दो चिट्ठियों की अन्तःध्वनियाँ इस बात का संकेत देती हैं कि कर्म और चिन्तन—खड्ग और वाणी—के बीच क्या भेद है।

वाणी कहती है : 'मैं तुम्हारी दी हुई इज्जत की चादर को ओढ़कर अपने लोगों के बीच नहीं खप सकती; उलटे इससे मेरी ग्लानि व्यंजित होती है। इसलिए मैं इसे वापस करती हूँ।'

खड्ग कहता है : 'तुम जुल्मी हो। तुम्हारी दी हुई रत्नजटित म्यान मुझे ढककर नहीं रख सकती। यह लो, मैं बाहर हुआ, और अब प्रहार करता हूँ।'

रवि बाबू यूरोप के लिए एशिया के आध्यात्मिक दूत थे। उनकी दृष्टि थी : 'वर्तमान व्यवस्था ठीक नहीं। आओ, शान्तिनिकेतन में हम एक नये विश्व की नींव डालें।'

गांधी जी भारत के विद्रोह के अवतार थे। उनका कहना था : 'हाँ, यह व्यवस्था सचमुच ही ठीक नहीं है और यह सरकार तो बिलकुल शैतान है। मैं इसलिए आया हूँ कि या तो इसे सुधार दूँ या इसे खत्म ही कर डालूँ।'

गांधी जी और रवीन्द्रनाथ एक ही धातु के बने दो पुरुष थे। कवि रहे थे भावना के लोक में, जहाँ पहुँचकर मिट्टी पर के विरोध और

वैमनस्य कुछ अप्रमुख हो जाते हैं। अंग्रेजों का शरीर चाहे दोषी हो, अंग्रेज राजनीतिज्ञों के विचार चाहे दूषित हों, किन्तु अंग्रेजी संस्कृति के उच्चतम स्तर पर की भावना तो वही है जो किसी भी उच्च मनुष्य के अन्दर हो सकती है। इसलिए कवि को वैषम्य ज्यादा नहीं अखरा। वे विश्व-मानव की उपासना में लीन थे और उन सभी कृत्यों से उनका मन घबराता था, जिससे भारत के हाथों इस विश्व-मानव का अपमान अथवा ह्रास होता हो।

गांधी जी भी उसी विश्व-मानव के उपासक थे। वे भी नहीं चाहते थे कि भारत के हाथों उसका कोई तिरस्कार हो।

किन्तु कवि को विश्व-मानव का सामीप्य कुछ दूसरे रूप में प्राप्त था। वे उसकी सभा में आदरपूर्वक बिठाए गए थे तथा प्रेम और सम्मान के भार उनकी वाणी को थामे हुए थे। वे नहीं चाहते थे कि कोई अप्रिय सत्य बोलकर उस सभा की तहजीब में विग्रह पैदा किया जाए।

किन्तु गांधी जी विश्व-मानव की निष्क्रियता को भंग करने आए थे। विश्व-मानव ऊपर बैठकर अपनी तपस्या, निर्विकारिता और तटस्थता में मग्न रहे तथा नीचे उसकी छाया में दुराचार और पाप जारी रहे, इस दृश्य को वे बर्दाश्त नहीं कर सकते थे। यों समझना चाहिए कि वे न्याय-सभा में विश्व-मानव को बोलने को बाध्य करने आए थे।

कल्पना कर्म को रिझाकर उसे अशक्त नहीं कर सकती और न ऊँची चमकीली दलीलें देकर उसे चुप ही कर सकती है। महामानव और महाविश्व, प्रेम की भावना और विश्व-बन्धुत्व के आदर्श, रागों की मलिनता से परे का विचरण और निर्विघ्न एकता के लुभावने स्वप्न–यह सब कुछ ठीक है, किन्तु सबको वहाँ ले जाने की राह भी है? एक रवीन्द्र और एक रोम्याँ रोलाँ का वहाँ पहुँच जाना ही तो बस नहीं हो सकता।

व्यावहारिकता के धक्के से कल्पना के महल डोलने लगते हैं। कविता जब जीवन के आमने-सामने आ जाती है, तब उसे भागने की राह नहीं सूझती। पलायन का कुंज ही एक ऐसा स्थान है जहाँ कविता, सचाई से मुँह फेरकर, अपना सुख और सुहाग मना सकती है। जीवन जब उसकी

आँखों में आँखें डालकर देखने लगता है, तब सचमुच ही घबराहट को छोड़कर उसे और भाव नहीं सूझते।

गांधी जी के कर्मवाद ने जब अपना आकार धारण किया, जब उनके श्वासों से वन के पत्ते डोलने लगे और वायुमंडल में ताप भरने लगा, तब चिन्तन, बेचारा भोलाभाला चिन्तन फल और चाँदनी के लोक में विहरनेवाला चिन्तन; जाति, देश और रंगों से ऊपर की सतह पर साम्य-रूप की उपासना करनेवाला चिन्तन; घबराया : 'अरे, यह सब क्या होने चला? मैंने तो समझा था कि 'सर' की उपाधि लौटा देना ही काफी होगा। क्या सचमुच ही राष्ट्रीयता का आधार घृणा है?'

रवि बाबू के पैरों के नीचे से जमीन खिसक गई। अक्टूबर, 1921 ई. के 'मॉडर्न रिव्यू' में सत्य से अनुरोध (An Appeal To Truth) करते हुए उन्होंने लिखा : 'भारत की जागृति समग्र विश्व की जागृति से बँधी हुई है। आज जो भी देश अपने-आपको सीमा के घेरे में बाँधकर रखना चाहता है, वह नवयुग के नियम की अवहेलना करता है। और क्या इस क्रम में भारत ही एक ऐसा देश है जो दूसरों के अपराधों की तालिका बनाकर घृणा का गान गाएगा? भोर में जब चिड़िया जगती है, तब वह रोटी का ही गान नहीं सुनाती। उसके पंख तो महाकाश की पुकार का उत्तर देने को खुलते हैं। सामने जो आनेवाला दिन उपस्थित है, पक्षी का स्वर तो उसी दिवस की आत्मा में संगीत की माधुरी भरता है।...एक नई मानवता ने नवयुग की पुकार भेजी है। भारत को चाहिए कि वह अपने ढंग पर इस पुकार का उत्तर दे। उषाःकाल में हमारा सबसे बड़ा कर्तव्य तो यह है कि हम उस परम आत्मा को याद करें, जो वर्ग और रंग, दोनों ही से परे हैं।'

धुनकी और प्यूनी की बातें कवि की समझ में नहीं आई। वे तो उस लोक में जी रहे थे जो सचमुच ही रंग और वर्गभेद से परे था। जलियाँवाले बाग का हत्याकांड चाहे जैसा भी रहा हो, उसके लिए उपाधि छोड़ देना ही काफी था। ऐसा कुछ भी करना अयोग्य था; जिससे कल्पना का महल लड़खड़ाने लगता हो, मनुष्य-मनुष्य के परे का मनुष्य मरने अथवा मूर्च्छित होने लगता हो।

जो चिन्तक हैं, कवि हैं, विचारक और अन्तरराष्ट्रीय हैं, वे ऐसा ही सोचते हैं। रोम्याँ रोलाँ जैसे लोगों को कवि की यह वाणी 'आलोक की कविता' जैसी लगी। उन्होंने कहा, 'रवि बाबू सनातन सत्य की दृष्टि से ठीक हैं। दोष केवल इतना है कि वे जरा ऊँचा जा रहे हैं।'

बहुत बाद को, कृपलानी जी ने इस पर मत दिया कि 'यह विवाद ही बेकार है। यहाँ तो कवि ठीक उसी मनुष्य की हस्ती को चुनौती दे रहा है जिसके आविर्भाव के लिए वह युगों से प्रार्थना और प्रतीक्षा में लीन था तथा जिसके साधनों का वह इतने दिनों से अपनी कविताओं, वक्तृताओं, नाटकों और उपन्यासों में ध्यान कर रहा था।'

लेकिन कवि की इस रंगीन वाणी का कर्मी पर कोई असर नहीं हुआ। उलटे इसने उसे एक अप्रिय सत्य को वीरतापूर्वक कह गुजरने को बाध्य कर दिया। 'मॉडर्न रिव्यू' में रवि बाबू का लेख पढ़कर गांधी जी ने 12 अक्टूबर, 1921 ई. की 'यंग इंडिया' में पहरेदार (The Great Sentinel) को लक्ष्य करके लिखा : 'जब हमारे चारों ओर लोग भूख से मर रहे हों, तब हमारे सामने यही कर्तव्य रह जाता है कि हम उन्हें रोटी दें। हिन्दुस्तान वह घर है जिसमें आग लगी हुई है। जिस देश के लोग अन्नाभाव के कारण विषण्ण और व्यवसाय के अभाव के कारण आलसी बन गए हों, उस देश में स्वयं ईश्वर को भी कर्म और रोजगार का ही रूप धरकर प्रकट होना होगा। भगवान ने मनुष्य का निर्माण काम करने के लिए किया और आदेश दिया कि वे सारे लोग चोर हैं जो बिना कमाए ही अपना भोजन प्राप्त कर लेते हैं। हिन्दुस्तान का हाथ चरखे की ओर क्यों जा रहा है, इसकी एकमात्र दलील भूख है।

'कवि जीता है भविष्य के लिए और चाहता है कि सभी लोग वैसा ही करें। हमारी आँखों के सामने वह उस चिड़िया की तसवीर रखता है, जो प्रातःकाल स्तुति का संगीत गाते-गाते आकाश में उड़ने लगती है। निश्चय ही यह वह पक्षी है जो पिछले दिन भरपेट दाना पा चुका है और रात में उसकी नसों में नये रक्त की गर्मी भी फैल चुकी है, अन्यथा इस प्रकार संतुलित और निश्चिन्त होकर वह आकाश में नहीं उड़ सकता था। लेकिन मैंने तो ऐसे पक्षी भी देखे हैं जो भोजन के अभाव में अपने डैने

फड़फड़ाने में भी असमर्थ थे। कबीर के गीत सुनाकर तड़पते हुए रोगियों को दिलासा देना मेरे लिए अब तक मुहाल रहा है।

'रोटी दो, जिसे खाकर लोग उड़ सकें। प्रश्न हो सकता है कि मुझे तो भोजन पाने के लिए कुछ काम करने की आवश्यकता नहीं; फिर मुझे क्या पड़ी है कि मैं चरखा चलाऊँ?

'सिर्फ इसलिए कि मैं जो कुछ खा रहा हूँ, वह मेरा है। सिर्फ इसलिए कि मेरा अस्तित्व अपने देशवासियों के शोषण पर कायम है।

'जो भी पैसे तुम्हारी जेब में आ रहे हैं, उनके उद्गम और मार्ग की खोज करो, मेरी बात की सचाई तुम पर आप ही प्रकट हो जाएगी।

'हाँ, टैगोर और उनके समान और लोगों को भी चरखा चलाना ही चाहिए। टैगोर से कहो कि वे अपने विदेशी कपड़ों को जला दें। आज का एकमात्र कर्तव्य तो यही है। कल की फिक्र हमें नहीं। वह प्रभु के हाथ है।'

कर्म के हृदय से जब आवेश की कविता फूटती है तब उसका तेज ऐसा ही भयानक होता है और चिन्तन उसके सामने सिर ऊँचा करके खड़ा नहीं रह सकता। गांधी जी के उस लेख को देखकर रोम्याँ रोलाँ चिल्ला उठे, 'ये काले और भयानक शब्द! यह वह दृश्य है, जब कला के स्वप्न के समक्ष संसार की विपत्तियाँ देह धरकर उठ खड़ी होती हैं और चिल्ला-चिल्लाकर उससे पूछने लगती हैं कि क्या तुममें यह भी हिम्मत है कि हमारी सत्ता को अस्वीकार करो?'

और सत्य को निरादृत करने की हिम्मत है किसमें? जाहिर है कि चिन्तन की अपेक्षा कर्म सत्य के अधिक समीप होता है।

और कर्म की इस ललकार के सामने चिन्तन को झुकना पड़ा। खड्ग चमकता गया, लेकिन वीणा मन्द पड़ती गई—मन्द पड़ती गई यानी कर्म और कोलाहल की भूमि से दूर होती गई। कर्म की ललकार का उत्तर देना उसके बस के बाहर की बात थी। रवि बाबू कर्म के उन्मत्त आलोड़न के सामने पराभूत हो गए और गांधी जी के मैदान के पास से हटकर अपने कवि-नीड़ को लौट गए।

उन्होंने लिखा : 'अगर इतिहास की इस सबसे संकटापन्न घड़ी में तुम अपने देशवासियों के कदम-से-कदम मिलाकर नहीं चल सकते, तो

कम-से-कम यह कहना तो छोड़ ही दो कि वे गलती पर हैं और तुम ठीक हो। इसलिए अच्छा है कि तुम उनकी पंक्ति में से अलग हो जाओ तथा अपने स्वप्न के कुंज में बैठकर उस हँसी और अपमान की प्रतीक्षा करो, जो तुम्हारे भाग्य में बदे हैं।'

स्वप्न-नीड़ में वापस जाकर कवि ने 'मुक्तधारा' लिखी, जिसमें उन्होंने गांधी जी के प्रति अपना अभिनन्दन ओजस्वी वाणी में व्यक्त किया।

लेकिन तब भी गांधी जी तो यह नहीं ही कह सकते थे कि रवि बाबू के सम्बन्ध में उनकी वे बातें गलत थीं और न यही कि कवि ने इतना कुछ कर डाला था कि रोटी कमाने के लिए उन्हें चरखा चलाने की जरूरत नहीं थी।

खड्ग और वीणा

बहुत दिनों की बात है।

एक बार भूकम्प और अग्निकांड–दोनों का धरती पर साथ ही आक्रमण हुआ। महल गिर गए; झोपड़ियाँ जलकर खाक हो गईं। कहीं नई जमीन पानी में से निकल आई; कहीं बसे-बसाए नगर समुद्र में समा गए। पशु-पक्षियों, कीड़ों-मकोड़ों के साथ आदमी भी बहुत बर्बाद हुए। कितने ही महावृक्षों का पता नहीं रहा और कितने ही पहाड़ों की छाती फट गई।

जिस दिन यह विनाश हुआ, उस दिन सभी लोग चुप थे। सभी लोग खामोश थे। चिड़ियाँ नहीं गाती थीं, पत्ते नहीं डोलते थे और दूब की फुनगी पर से शबनम भी गायब थी।

मगर दूसरे ही दिन भोर में जब लोग जैसे-तैसे यामिनी के पार हुए, शबनम चमकने लगी, पत्ते डोलने लगे और वीणा गाने लगी।

बहुत दिनों की बात है।

एक बार लड़ाई छिड़ी। देश की सरहद पर धौंसे बजाकर दुश्मन ने जवानी को चुनौती भेजी : 'है कोई मर्द इस देश में जो हमारा मुकाबला करे?'

चुनौती नौजवानों को आग-सी लगी। सभी जल उठे। सभी बेताब हो उठे। माताएँ बेटों का, बहनें भ्राताओं का और गृहदेवियाँ अपने पतियों का रण-शृंगार सजाने लगीं। म्यानों से तलवारें निकल पड़ीं। मर्दों ने शपथ ली : 'अगर पीठ फेरकर लौटें तो हमें क्षत्रियों की गति नहीं मिले।'

ललनाओं ने प्रण किया : 'अगर इज्जत पर बनने को आई तो हम चिताओं में कूद पड़ेंगी।'

शंख फूँका गया; रणभेरी बजने लगी; धौंसे धुधकारने लगे; देश की मर्दानगी उमड़कर रणभूमि की ओर चली।

चलने से पहले खड्ग ने वीणा से पूछा : 'वीणे! क्या आज भी यही सुहाग? देश की जान पर बन आई है और तुझे चाँदनी की रागिनी से फुरसत नहीं? हो जा आज डंके की चोट और समा जा मेरी तेज चमकती हुई इस धार में। चलकर जरा रणभूमि का भी तो नजारा देख कि कैसे रुँड से मुँड अलग होते हैं और धुँधुआती हुई तलवार कैसी लगती है। सच कहता हूँ बहन! आँखें निहाल हो जाएँगी और सपनों का तेज बढ़ जाएगा।'

वीणा गरदन झुकाकर मौन रही। खड्ग ने सोचा, यह मुर्दा है और वह वेग से बाहर निकल गया।

भूकम्प, युद्ध और अग्निकांड दुनिया के लिए आम हो गए। अब इनका कोई निश्चित लग्न या काल नहीं रहा। वे जब चाहें, न जाने कहाँ से फट पड़ते हैं।

हैरान है संसार भूकम्प से। हैरान है संसार युद्ध से। मगर वे आते ही रहते हैं।

और जब कभी कोई त्रास आता है, खड्ग संसार के बचाव के लिए आगे बढ़ता है; क्योंकि यही है उसका काम, इसी की वह रोटी खाता है और इसी के लिए उसे फूलों की मालाएँ भी मिलती हैं।

वीणा बहुत बार संकेत दे चुकी है कि वह समय-कुसमय छेड़ी जाना पसन्द नहीं करती। वह जिस काम की रोटी खाती है, उसमें कोई विघ्न डाले, यह अच्छी बात नहीं है।

लेकिन खड्ग ठहरा जरा उद्धत। वह छेड़ बैठता है वीणा को : 'पगली है! अगर मैं न रहूँ तो देखूँ, तू कैसे बजती है! दुश्मन के एक ही चपेटे में ये तार न जाने कहाँ-से-कहाँ पहुँच जाएँ! धन्यवाद कर मेरा कि देश में अमन और चैन है, जिससे लोग-बाग तुझे घेरकर बैठते हैं और रागिनियों का रस लेते हैं।'

वीणा रह जाती है मौन, उसे सूझता ही नहीं कि खड्ग के इस व्यंग्य का क्या उत्तर दे।

वह सोचती है : यह आकाश, यह जंगल, यह विस्तृत हरी भूमि, ये नदियाँ और ये पहाड़, यह अनन्त सागर और ये अनन्त दिशाएँ—क्या यह सब कुछ खड्ग के अधीन है?

सृष्टि के कण-कण में जो एक सामंजस्यपूर्ण महासंगीत व्याप्त है, क्या खड्ग का उछलना-कूदना भी उसी की नियमित कड़ी है?

मगर बाघों और वृकों के सामने तो मैं, सचमुच ही नहीं बज सकती, तो क्या खड्ग का कहना ठीक है?

लड़ाई फिर आई और चली गई।

खड्ग विजयी हुआ है। जयमालाओं से लिपटा हुआ वह जरा तनकर चलता है और गरीब वीणा से कह ही तो बैठता है : 'कहा था न चलने को! उस दिन तो यह कहकर उड़ा दिया कि बाँसुरी बाँसुरी है और लाठी लाठी। अब देख मेरे विजय-तिलक को, और रो अपने दुर्भाग्य पर!'

वीणा विजय-तिलक को नमन करती है और मन-ही-मन सोचती जाती है : फूल और शबनम बदनाम नहीं। बदनाम होती हूँ मैं, क्योंकि खड्ग की मैं कमाई खाती हूँ।

खड्ग जिसका आरम्भ घृणा में और अन्त विनाश में होता है।

और वीणा, जो आदि से अन्त तक निरीहता में गाती है।

खड्ग तना हुआ है। वीणा पर वह अपना अहंकार उतारता है।

वीणा मूक है और मन-ही-मन वह सोचती जाती है वह कविता, जिसे वह आज निशीथ में गाएगी।

कविता उन फूलों की, जो शहीदों की समाधि पर बिखेरे जाते हैं।

कविता उन चाँदनियों की, जो समरभूमि की लाशों पर चादर बनकर फैलती हैं, मानो खड्ग की ग्लानि पर परदा डाल रही हों!

कविता उन दुष्ट आवेगों की, जो मनुष्य को तलवार पकड़ने के लिए विवश करते हैं।

और कविता उन आदर्शों की, जो खड्ग के अस्तित्व को भंग करनेवाले हैं।

विजयी के आँसू

[महाभारत के अनन्तर महाराज युधिष्ठिर के परिताप की कल्पना]

कुरुक्षेत्र का युद्ध समाप्त हो गया। लड़ाई के पहले वीरों की श्रेणी में जो भी गिने जाने के योग्य थे, वे प्रायः सब-के-सब युद्धभूमि में सो गए। जिस भूखंड पर कौरवों और पांडवों की मुठभेड़ हुई थी, वह आज लहू से लथपथ और रुंड-मुंडों से भयानक हो उठा है। भयानकता के बीच केवल भीष्म हैं जो शरशैया पर जाग रहे हैं।

अठारह अक्षौहिणी सेना की लाशों पर से रथ दौड़ाता हुआ मैं हस्तिनापुर की राजधानी में आ गया हूँ; किन्तु यह राजधानी वही नहीं है जिसमें दुर्योधन अपने भाइयों और मित्रों के साथ निवास करता था अथवा जहाँ हमने भी आनन्द के कुछ वर्ष बिताए थे। फूल सूख गए, हरियाली जलकर खाक हो गई, शाखाएँ और टहनियाँ खंड-खंड होकर नीचे पड़ी हैं और पत्तों का कहीं पता भी नहीं है। जो शेष है, वह वाटिका नहीं,

वाटिका का कंकाल है और यही कंकाल, उपवन की यही ठठरी मेरे भाग्य में बदी थी जो विजय के हाथों मुझे पुरस्कार में मिली है।

जब भीम की गदा की चोट खाकर नर-व्याघ्र दुर्योधन धराशायी हुआ, उसने मूर्च्छित होते-होते ललकारकर मुझसे कहा था : 'युधिष्ठिर! वीरों को लेकर तो मैं स्वर्ग चला, अब विधवाओं को लेकर तुम राज्य करो।' दुर्योधन की इस उक्ति की बेधकता उस समय मुझ पर प्रकट नहीं हुई थी। हम सबने सोचा था कि निराशा के अतिरेक से व्याकुल होकर दुर्योधन व्यंग्यबाण का सहारा ले रहा है; किन्तु आज मुझे स्पष्ट दीख रहा है कि उसने तनिक भी अत्युक्ति नहीं की थी। सचमुच ही भारत के सभी शूरमा विदा हो गए, जो विदा होने से बचकर पीछे रह गया है, वह विधवाओं और निपूती माताओं का देश है। और यही वह देश है जिस पर विजेताओं को राज्य करना है।

आज हस्तिनापुर की छत पर चढ़कर जब मैंने चारों ओर दृष्टि डाली, तब ऐसा लगा, मानो मैं किसी महाश्मशान में खड़ा हूँ, जिसकी कुरूप शान्ति मन में काँटे चुभोती है और जिसका भीषण सुनसान दूर से भी भयानक लगता है। और इस सुनसान में मरघट की शान्ति के भीतर से एक आवाज उठती है, जो मुझसे पूछना चाहती है कि युधिष्ठिर! क्या तुम इसी शान्ति के लिए लड़ाई लड़ने नहीं गए थे? मेरे अपने ही कर्म व्यंग्य बनकर मुझ पर लोट रहे हैं। मेरी अपनी ही इच्छा और आकांक्षा तीर बनकर मुझे विदीर्ण कर रही है। ऐसा लगता है कि मैंने जो कुछ सोचा, सब गलत था; जो कुछ किया, सब दुष्कर्म था। शकुनि के साथ जुए की बाजी हारकर भी मन से मैं हारा नहीं था; किन्तु आज तो इतनी बड़ी लड़ाई जीतकर भी अनुभव होता है कि मैं सब कुछ हार चुका हूँ और पराजय की इस व्यथा का कोई निराकरण भी है, इसकी थोड़ी भी आशा नहीं दीखती।

हस्तिनापुर में आज ऐसा कोई घर नहीं जिसमें बच्चों की किलकारियों की गूँज हो; जिसमें युवतियाँ हर्ष और उल्लास के गीत गाती हों और युवक आनन्द के अट्टहास उठा रहे हों। जीवन के महल को अपनी उमंग से गुंजित रखनेवाले नौजवान कुरुक्षेत्र के मैदान में कटकर

ढेर हो गए। उनका रक्त हाथियों और घोड़ों के रक्त से एकाकार होकर धरती में समा गया और हम जीवितों में इतनी भी शक्ति नहीं कि हम उनके शवों का विधिवत् संस्कार करें। मृत्यु का बोझ दुस्सह बनकर जीवन की पीठ पर आ पड़ा है और हम उसे ढोने में हाँफ रहे हैं। राजधानी में अगर कोई आवाज सुनाई देती है तो वह चूड़ियों के टूटने की आवाज है। वह बिलख-बिलखकर रोनेवाली निपूती माताओं की आवाज है। वह सिर और छाती पीटकर चीखती हुई बहनों और विधवा पत्नियों की आवाज है।

और जो हाल राजधानी का है, वही सारे देश का समझना चाहिए। अभी तक जहाँ-जहाँ से समाचार आए हैं, उनसे तो यही ज्ञात होता है कि देश में शायद ही ऐसा कोई घर हो, जिसके दो-एक लाल इस महासंग्राम में बलि नहीं हुए हों। युद्ध के नाग ने प्रत्येक परिवार को डसा है। महानाश की चिंगारी हर एक छप्पर पर पड़ी है। हर एक घर से शोक का धुआँ उठ रहा है। हर एक परिवार किसी-न-किसी वीर की याद में सिसकियाँ ले रहा है। और अनेक वंश हैं जिनकी आखिरी कोंपलें इस लड़ाई में जलकर खत्म हो गई हैं। भारत-वसुंधरा की मृत्ति अपनी स्वाभाविक हरियाली को छोड़कर लाल हो गई है और इस लाली के पीछे युवकों का शोणित ही नहीं, युवतियों का लुटा हुआ सिन्दूर भी है।

जहाँ भी जाता हूँ, नारियों को कुररी के समान बिलखते देखता हूँ। जहाँ भी जाता हूँ, बूढ़ों को बेचैन पाता हूँ। ये वृद्ध, जिनके बुढ़ापे की लकड़ियाँ टूट गई हैं, हृदय को कठोर करके शास्त्र-चिन्तन से मन बहलाना चाहते हैं; किन्तु हाय री बेबसी! बल से दबाई गई आह आँसू बनकर आँखों में छा जाती है, और अक्षर उन्हें ठीक से दिखाई नहीं देते। दुधमुँहे बच्चे भी हँसना भूल गए हैं, क्योंकि यद्यपि वे यह नहीं जानते कि देश में क्या घटना घटी है, फिर भी सबको उदास देखकर उन्हें भी हँसने की हिम्मत नहीं होती।

भारतवर्ष को अपने महारथियों का बड़ा अभिमान था और आज से बीस-बाईस दिन पूर्व तक इस देश में जितने महारथी एक साथ विद्यमान थे, उतने तो इतिहास में और कभी, कदाचित् ही, वर्तमान रहे होंगे। भीष्म,

द्रोण और अश्वत्थामा, कर्ण, दुर्योधन और जयद्रथ तथा कृपाचार्य, कृतवर्मा, शल्य और भूरिश्रवा, सात्यकि, उत्तमौजा और युधामन्यु, द्रुपद, विराट, धृष्टद्युम्न और चेकितान तथा घटोत्कच और कुन्तिभोज–इनके जोड़ के अतिरथी अब आगे शायद ही उत्पन्न हों। किन्तु काल ने किसी को भी नहीं छोड़ा। सब युद्ध में उतरे और सब-के-सब उसी में विलीन हो गए। विधि-संयोग से युद्ध ने जिन्हें निगलने से इनकार कर दिया, उनमें पांडव-पक्ष के सात्यकि और श्रीकृष्ण तथा कौरव-पक्ष के कृतवर्मा, कृपाचार्य और अश्वत्थामा–ये पाँच ही वीर शेष हैं।

जब तक युद्ध चल रहा था, हम संग्राम की मादकता में विभोर थे और हमें यह सोचने का अवकाश ही नहीं था कि हम क्या कर रहे हैं; किन्तु युद्ध के समाप्त होते ही यह स्पष्ट हो गया है कि हम जिस कर्म में इतने उत्साह से लगे हुए थे, वह असल में अत्यन्त गर्हित कर्म था और उसे धर्म का विशेषण देना धर्म का नितान्त अपमान करना है।

यह सत्य है कि दोनों पक्षों के वीर इस युद्ध को धर्मयुद्ध मानकर लड़ रहे थे; किन्तु धर्म पर दोनों में से कोई भी अडिग नहीं रह सका। 'लक्ष्य प्राप्त हो चाहे न हो, किन्तु हम कुमार्ग पर पाँव नहीं रखेंगे'–इस निष्ठा की अवहेलना दोनों ओर से हुई और दोनों पक्षों के सामने साध्य प्रमुख और साधन गौण हो गया। प्यारे अभिमन्यु की हत्या पाप से की गई तो भीष्म, द्रोण, भूरिश्रवा और स्वयं दुर्योधन का वध भी पुण्य से नहीं हुआ। जिस युद्ध में भीष्म, द्रोण और श्रीकृष्ण वर्तमान हों, उस युद्ध में भी धर्म का पालन नहीं हो सके, इससे तो यही निष्कर्ष निकलता है कि युद्ध कभी भी धर्म के पथ पर रहकर लड़ा नहीं जा सकता। हिंसा का आदि भी अधर्म है, मध्य भी अधर्म है और अन्त भी अधर्म है। जिसकी आँखों पर लोभ की पट्टी नहीं बँधी है; जो क्रोध, आवेश अथवा स्वार्थ में आकर अपने कर्तव्य को भूल नहीं गया है, जिसकी आँखें साधना की अनिवार्यता से हटकर साध्य पर ही केन्द्रित नहीं हो गई हैं, वह युद्ध जैसे मलिन कर्म में कभी भी प्रवृत्त नहीं होगा। युद्ध में प्रवृत्त होना ही इस बात का प्रमाण है कि मनुष्य अपने रागों का दास बन गया है। फिर जो रागों की दासता करता है, वह उनका नियन्त्रण कैसे करेगा?

व्यास और भीष्म तथा स्वयं श्रीकृष्ण भी मुझे बार-बार समझा रहे हैं कि मेरी यह वेदना व्यर्थ है, मेरा यह अनुताप आधारविहीन है; क्योंकि युद्ध को निमन्त्रण हमने नहीं दिया, वह बरबस हम पर थोपा गया था। अत्याचार दुर्योधन ने मचा रखा था, हम उसका निराकरण खोजते हुए अपनी इच्छा के विरुद्ध युद्ध में आ गिरे। किन्तु यह मेरी शंकाओं का समाधान नहीं है। जीवन की सार्थकता किसी भी ध्येय की प्राप्ति में नहीं, उसकी ओर निरन्तर सन्मार्ग पर चलते रहने में है। हमारे पाँव कहाँ पहुँच रहे हैं, यह प्रश्न मुख्य नहीं हो सकता; मुख्य बात तो यही है कि हमारे पाँव किस मार्ग पर पड़ रहे हैं। और अगर यह कहिए कि विजय के लिए युद्ध अवश्यम्भावी है, तो विजय को मैं कोई बड़ा ध्येय नहीं मान सकता। जिस ध्येय की प्राप्ति धर्म के मार्ग से नहीं की जा सकती, वह या तो बड़ा ध्येय नहीं है अथवा अगर है तो फिर उसे पाप के मार्ग से पाने का प्रयास व्यर्थ है। संग्राम के कोलाहल में चाहे कुछ भी सुनाई नहीं पड़ा हो, किन्तु आज मैं अपनी आत्मा की इस पुकार को स्पष्ट सुन रहा हूँ कि युधिष्ठिर! तुम जो चाहते थे, वह वस्तु तुम्हें नहीं मिली। द्रौपदी के अपमान का बदला चाहे चुक गया हो, भीम की प्रतिज्ञा चाहे पूरी हो गई हो और हस्तिनापुर का राज्य-सिंहासन भी चाहे तुम्हारी राह देख रहा हो; किन्तु तुम्हारी जीत से जलनेवाले लोग अब जीवित नहीं हैं, इसलिए तुम्हारी विजय में कोई रस नहीं, वह नीरस और स्वादविहीन है। न वे ही जीवित हैं जो ईर्ष्या से जलकर तुम्हारे अभिमान को बढ़ावा देते, न वे ही जीवित हैं जिनकी मित्रता के साथ तुम इस जीत का उपभोग कर सकते थे। एक-एक कर तुम्हारे सारे शत्रु विनष्ट हो गए; किन्तु स्वयं नष्ट होते-होते उन्होंने उस दुनिया को भी भली भाँति बर्बाद कर दिया जिस पर तुम राज्य करना चाहते थे। इस जर्जर और विषण्ण विश्व की वेदना उनके लिए नहीं है जो मर चुके हैं, बल्कि उनके लिए है जिन्हें मृत्यु ने उगल दिया है। लड़ाई से पहले तुम दुखी थे; किन्तु लड़ाई के बाद तुम और दुखी रहोगे। इस प्रकार यह विजय असल में तुम्हारी दोहरी हार है।

कल जब मैंने नगर में प्रवेश किया, लोगों ने मेरे स्वागत के बाजे बजाए और मेरा जय-जयकार किया; किन्तु न तो इन बाजों में कोई

सजीवता थी और न जयकारों में कोई सात्त्विक उत्साह। ऐसा लगा, मानो ये स्वर किसी निर्जीव यन्त्र से निकल रहे हों और उन्हें सुनकर मेरा मन फिर से कहने लगा : 'युधिष्ठिर! तुम्हारा पहला निर्णय ही ठीक था। अभी भी समय है, रथ को मोड़कर तुरन्त वन की ओर भाग चलो; क्योंकि वन के पशुओं को देखकर तुम्हें ग्लानि नहीं होगी, न वे तुम्हें धर्मराज नाम से पुकारेंगे, न वे तुम्हारा जय-जयकार करेंगे।' किन्तु अर्जुन और श्रीकृष्ण मेरे दोनों ओर खड़े थे और उनकी भर्त्सनाओं को याद करके मैं निश्चेष्ट रह गया।

अर्जुन, श्रीकृष्ण और अन्य बहुतेरे लोग तन से जीवित, किन्तु मन से निर्जीव, इस युधिष्ठिर को खींचकर सिंहासन के पास ले आए हैं। किन्तु मुझे अब तक यह नहीं सूझता है कि अपने पश्चात्ताप को कहाँ छिपाऊँ! और क्या करूँ कि देश के अगणित नर-नारियों के आँसू शीघ्र-से-शीघ्र सूख जाएँ और उनके अधरों की लुप्त मुस्कान एक बार फिर से लौट आए! केवल भीष्म ही नहीं, मुझे लगता है, भारत की विशाल संस्कृति ही आज शरशैया पर सोई हुई है। कौन है वह उपाय जिससे यह संस्कृति मृत्यु के मुख में पड़ने से बचाई जा सकती है? मेरी सबसे बड़ी चिन्ता यह है कि संग्राम तो जैसे-तैसे समाप्त हो गया, किन्तु उससे देश भर में मार-काट की जो मानसिकता फैली है, उसका क्या होगा? क्या लोग हिंसा के इस खेल को दुहराते जाएँगे अथवा यह विचार कर शान्ति से काम लेंगे कि शत्रुओं का भी मस्तक उतारना बर्बरता और जंगलीपन का काम है?

कला, धर्म और विज्ञान

हिन्दी-प्रान्तों में आजकल साहित्य-सभाओं की धूम है। यह अच्छी बात है, क्योंकि इससे मालूम होता है कि देश की जनता राजनीति से ऊब रही है अथवा राजनीति को वह अब काफी नहीं समझती। हम छिलके से बीज की ओर, कर्म से भावना की ओर और देह से मन की ओर चलने लगे हैं, यह हमारे सांस्कृतिक उत्थान का सूचक है। किन्तु एकाध बिन्दु है जहाँ पर हमें सावधानी बरतने की आवश्यकता है और वह बिन्दु यह है कि हिन्दुस्तान में कविता केवल कवि ही नहीं करते हैं, कुछ दूसरे लोग भी हैं जो इस रोग से ग्रस्त हैं। कविता का एक अच्छा अर्थ है और एक बुरा अर्थ भी; ठीक वैसे ही, जैसे विज्ञान के भी अच्छे और बुरे अर्थ होते हैं। और हमारा देश कविता के इस बुरे अर्थ को जीवन में उतारने लगा तो यह कितना बुरा होगा, यह सोचने की बात है। और यह शंका निर्मूल नहीं है, क्योंकि अपने देश के कुछ ऐसे लोग भी कविसुलभ अतिरंजना

और आवेश से काम लेते हैं, जिन्हें बकवास में नहीं फँसकर अपने ठोस कार्यों का सम्पादन करना चाहिए। ये लोग उस बुरे अर्थ में कवि हैं जिसका उल्लेख ऊपर हुआ है। विश्वविद्यालयों में भी ऐसे बहुत से छात्र मिलेंगे जो वैज्ञानिक चिन्तन को महत्त्व नहीं देते, जो थोड़े में बहुत कहने का अभ्यास नहीं डालते और जो भाषा में सुस्पष्टता की जगह सजावट को ज्यादा पसन्द करते हैं। लिखने की समस्या यह होनी चाहिए कि हमने जो लिखना चाहा, वह लिखा गया या नहीं; किन्तु लड़के यह सोचते हैं कि हमने जो लिखा, वह सुन्दर हुआ या नहीं। मुझे भय है कि यह रोग कॉलेजों और स्कूलों में कविता और कवि-सम्मेलनों में प्रचार से बढ़ा है। कविता को लोग कविता तक ही सीमित नहीं रखते, बल्कि उसकी भाषा का प्रयोग वहाँ भी किया जाने लगा है जहाँ सौन्दर्य और संकेत से अधिक सुस्पष्टता की आवश्यकता है। शुक्ल जी ने जिस भाषा को घिनघिनाती, पिचपिचाती और प्रस्वेदयुक्त भाषा कहा है, वह यही बुरी काव्यात्मकता से लदी हुई कृत्रिम भाषा है। जो भी इस भाषा-शैली को पसन्द करता है, उसके विचारों को हम सुस्पष्ट नहीं मान सकते और न हम यही मानते हैं कि उसने उतनी वैज्ञानिकता भी अपनाई है जितनी वैज्ञानिकता केवल वैज्ञानिकों के लिए ही नहीं, कवियों और कलाकारों के लिए भी जरूरी है।

कविता का प्रतिलोम गद्य नहीं, विज्ञान है और यह दुनिया के लिए बुरी घटना है कि विज्ञानवालों ने कविता से आँख फेर ली है। अगर बदले में कवितावाले भी विज्ञान से सम्बन्ध तोड़ लें तो दुनिया का दोहरा नुकसान होगा। अपने अच्छे अर्थ में विज्ञान बहुत अच्छी चीज है, क्योंकि उससे हम सत्य के शोध में तटस्थता बरतना सीखते हैं और हमारी चिन्तन की पद्धति सुस्पष्ट, साफ और अधिक विश्वसनीय होती है। इसलिए जरूरी है कि हम अपनी कल्पना में थोड़ी-सी वैज्ञानिकता लाएँ और अपनी शैली को सुन्दर बनाने के पहले सरल और सुबोध करें। बर्फ और भाप–ये उस तत्त्व के दो छोर हैं जिसे हम पानी कहते हैं। जैसे अवैज्ञानिक कल्पना निरा भाप होती है, वैसे ही अकाव्यात्मक तथा अधार्मिक विज्ञान भी बर्फ की चट्टान है। इसलिए उचित है कि हम किसी सरोवर के पास

निवास करें जहाँ भाप और बर्फ–दोनों ही पानी में बदलकर मनुष्य के सुखों में वृद्धि करते हैं।

यह प्रश्न का एक पहलू है। मगर इसका एक दूसरा पहलू भी है जो इसी की तरह महत्त्वपूर्ण है और जिसे देखते हुए यह अच्छा मालूम होता है कि हिन्दुस्तान में साहित्य-सभाएँ खूब हो रही हैं और लोग, चाहे मजाक में ही सुनें, मगर वे ऐसी बातें सुनने को तैयार हो रहे हैं जिन बातों से मोटर नहीं बनती, महल नहीं बनते, न व्यापार और व्यवसाय की ही तरक्की होती है, मगर फिर भी जो बातें सुनने लायक हैं; क्योंकि उनसे आदमी के भीतर बसनेवाले आदमी को भोजन मिलता है। असल बात यह है कि हिन्दुस्तान को जब मैं केवल हिन्दुस्तान के रूप में देखता हूँ, तब मुझे यह बात अच्छी नहीं लगती कि कल्पना और आमुष्मिकता का प्रचार करने के लिए इस देश में बहुत अधिक साहित्य-सभाएँ की जाएँ; क्योंकि अनेक गुणों के साथ कल्पना और आमुष्मिकता के बहुत से दुर्गुण भी हम लोगों में पहले से ही विद्यमान हैं, बल्कि इन्हीं दुर्गुणों के प्राचुर्य के कारण हमारा पतन हुआ है और जब तक तराजू के दूसरे पलड़े पर हम वैज्ञानिकता और बुद्धिवाद की काफी मात्रा नहीं जमा कर देते, तब तक हमारा सम्यक् उत्थान नहीं होगा। मगर जब मेरी दृष्टि इस बात पर पड़ती है कि हिन्दुस्तान केवल एक देश ही नहीं, महाविश्व का एक प्रमुख अंग भी है, तब मुझे लगता है कि यह अच्छा है कि संसार का कम-से-कम एक भाग तो ऐसा है जो दैहिक नहीं, मानसिक मनुष्य के स्वास्थ्य के लिए भी प्रयास कर रहा है और जो इस गए-बीते जमाने में भी यह मानकर चल रहा है कि मनुष्य को केवल वायुयान ही नहीं, मन की भी उड़ान चाहिए। उसे केवल बाहरी तन्दुरुस्ती ही नहीं, भीतर का भी स्वास्थ्य चाहिए।

हिन्दुस्तान की मुसीबत का एक कारण अन्धविश्वास की अधिकता है, परलोक के सामने लोक को तुच्छ मानने का भाव है। हम कल्पना को अधिक और सत्य को कम माननेवाली जाति हैं। हमारा पतन ही इस कारण हुआ कि हम आधिभौतिकता को त्याज्य एवं परलोक को वरेण्य समझते रहे। इसके विपरीत, उन्नत देशों में अशान्ति इस कारण है कि

वहाँ के लोग परलोक की चिन्ता छोड़कर सारी शक्ति लगाकर लोक की साधना में लगे हुए हैं। किसी ने ठीक ही कहा है कि जब पश्चिम के लोग उद्दामता से जी रहे हैं, तब पूरबवाले माया के अन्धकार में जीवन का अर्थ टटोल रहे हैं। इसलिए जो जीवन को निस्सार समझ रहे हैं, उन्हें यह उपदेश चाहिए कि जीवन सारपूर्ण और सत्य है एवं इसकी उपेक्षा से हमारा लोक ही नहीं, परलोक भी नष्ट होता है। किन्तु जो लोग परलोक को छोड़कर केवल लोक को पकड़े हुए हैं, उन्हें यह ज्ञान चाहिए कि लोक यथेष्ठ नहीं है। हमें कुछ इस बात की भी चिन्ता करनी चाहिए कि वास्तविक भूख मन की शान्ति में है, त्याग और परोपकार में है। मनुष्य केवल मोटर और महल पाकर ही सुखी नहीं होता। उसकी आत्मा को वह संतोष भी चाहिए जो संत और आध्यात्मिक साधकों का संतोष है, जो कवियों और कलाकारों का संतोष है। विज्ञान शारीरिक सुखों की वृद्धि के लिए है; किन्तु मन के आनन्द और मानसिक पुरुष के विकास के लिए कला, साहित्य और धर्म का विकास चाहिए।

जैसे हिन्दुस्तान को देखते हुए हम यह समझते हैं कि आमुष्मिकता यथेष्ठ नहीं है, वैसे ही संसार को देखते हुए हम टेक्नोलॉजी को भी काफी नहीं मानते। असल में मनुष्य उतना ही नहीं है जितना कि स्टेथेस्कोप, माइक्रोस्कोप और एक्स-रे यन्त्र उसे देख पाते हैं। आदमी टीसू है, आदमी आरगेन है, आदमी फ्लुइड है और आदमी चेतना है। मगर आदमी के सभी रूप इतने से ही खत्म नहीं हो जाते; वह कवि भी होता है, वह दूसरों के लिए मरनेवाला बलिदानी वीर भी होता है और वह संत तथा रहस्यवादी भी होता है जो इहलौकिक सुखों की ज्यादा परवाह नहीं करते। और हममें से हरेक आदमी अपने अनुभव से यह भी बतला सकता है कि आदमी का एक और रूप है जो उसके दिल की गहराइयों में बसता है और जिसका दर्शन हम तभी कर पाते हैं जब हम अन्तर्मुख होते हैं। टीसुओं के समवाय को मनुष्य कहना बहुत ठीक है, मगर अभी तो विज्ञान को यही पता नहीं चला है कि मन की क्रियाओं का टीसुओं पर क्या प्रभाव पड़ता है और मन की क्रियाशीलता के कारण क्या हैं। मुख्य बात यह है कि मनुष्य जीवन के सारे रूप जैसे धर्म और कविता को दिखलाई नहीं पड़ते, वैसे

ही वे विज्ञान को भी दिखाई नहीं देते हैं। शायद दोनों के अपने-अपने क्षेत्र हैं और धर्म तथा काव्य एवं टेक्नोलॉजी और विज्ञान अगर अपनी-अपनी सीमाओं के अन्दर काम करें तो मनुष्य का अधिक कल्याण हो सकता है। इस युग के सबसे बड़े वैज्ञानिक आइंस्टीन का यह विचार है कि जीवन को हम दो भागों में बाँट सकते हैं। पहला भाग वह है जो स्थूल है, जहाँ बुद्धि काम कर सकती है, जहाँ गणित के नियम चल सकते हैं तथा जो भाग विज्ञान के औजारों से छुआ जा सकता है। किन्तु जीवन का एक भाग और हो सकता है, जो आदर्श का भाग है तथा जो इस चिन्ता को प्रधान मानता है कि जीवन को कैसा होना चाहिए एवं उसे किस दिशा में जाना चाहिए। विज्ञान हमें जीवन के स्थूल रूप का विश्लेषण देता है, नये-नये आविष्कारों के द्वारा हमारे हाथ में नई शक्ति रखता है। किन्तु इस शक्ति का उपयोग किन उद्देश्यों के लिए किया जाए, यह बताना विज्ञान का काम नहीं है। इसका जिम्मा सदा से धर्म पर रहा है और आज भी इस सम्बन्ध में धर्म ही हमारा पथ-प्रदर्शक होगा। देखा गया है कि जब-जब धर्म और विज्ञान अपनी सीमाओं का अतिक्रमण करते हैं, तब-तब मानव समाज का अकल्याण होता है। गैलीलियो और डारविन के खिलाफ जब चर्च ने तलवार उठाई थी, तब यह इस बात का उदाहरण था कि धर्म कैसे विज्ञान की भूमि पर दखल देता है और आज जो लोग टेक्नोलॉजी से जीवन की सभी समस्याओं का समाधान खोजते हैं, वे इस बात के उदाहरण हैं कि विज्ञान कैसे धर्म और साहित्य को अपदस्थ करना चाहता है।

जब से संसार में टेक्नोलॉजी का प्रचार बढ़ा, धर्म और कविता— दोनों के लिए कठिनाई उत्पन्न हो गई, क्योंकि दोनों के उत्स पर से मनुष्य की आँख हट गई है। धर्म और काव्य का उत्स एक प्रकार के विस्मय का भाव है, सामने जो अनन्तता खुली हुई है और जिसका कोई भी छोर पकड़ाई नहीं देता, उस पर चमत्कृत होने की योग्यता है, और यह योग्यता केवल कवि और साधक के लिए ही नहीं, वैज्ञानिक के लिए भी आवश्यक है, क्योंकि विस्मय के बिना जिज्ञासा नहीं जगती और जिज्ञासा के बिना अनुसंधान की प्रेरणा नहीं आती है। विज्ञान ने अपने

लिए तो विस्मय की यह भावना कायम रखी, मगर उसकी मशालों से संसार में रोशनी का एक हाहाकार मच गया और दुनिया में जितनी भी गोधूलियाँ थीं, सब प्रकाश में गायब हो गईं और वे लोग उपेक्षा के पात्र बन गए जो गोधूलि में खड़े होकर अपना काम करते थे। असल में गोधूलि गायब हुई नहीं, वह अब भी मौजूद है, क्योंकि धर्म और काव्य जिन जिज्ञासाओं का समाधान इतने दिनों से खोज रहे थे, उन जिज्ञासाओं का समाधान विज्ञान को भी नहीं मिला है। किन्तु विज्ञान के अभ्युत्थान के साथ उपयोगितावाद और बुद्धि का जोर बेतरह बढ़ गया और लोगों ने सोचा कि धर्म और कविता उपयोगी नहीं हैं, इसलिए उन्हें छोड़ देना चाहिए। इस विश्वास के प्रचार के कारण सारे उपयोगी विषय विज्ञान के हवाले हो गए। बच गया लुटे हुए हृदयों का रोदन और असफल जीवन का शाप, जिसे लेकर कविता अपने दिन गुजारने लगी। पिछले डेढ़ सौ वर्षों से संसार का हाल यह है कि जीवन का जल खल-खल करता हुआ विज्ञान की घाटी में वेग से बहता जा रहा है और कविता उस पर इन्द्रधनुष बनकर मेहराब ताने खड़ी है।

शायद इसी दुरवस्था से घबराकर नये युग के कुछ कवियों ने यह मान लिया है कि कविता के उपयोगी पक्ष पर जोर देना जरूरी है और कविता के द्वारा उद्देश्यों का खेत जोतना कोई गुनाह नहीं माना जाना चाहिए। एक दृष्टि से मैं भी यह मानता हूँ कि सोद्देश्यता कविता का दोष नहीं है; बल्कि जैसे क्लासिक और रोमांटिक का भेद कविता की राजनीति है, वैसे ही सोद्देश्यता और निरुद्देश्यता भी साहित्यिक राजनीति के ही सवाल हैं, क्योंकि साहित्यकार जितना भी तटस्थ होकर लिखे, किन्तु जभी वह अपनी रचना को जनता के समक्ष लाता है, तभी वह उन मूल्यों का प्रचारक बन जाता है जिन मूल्यों में उसका विश्वास है और उन मूल्यों की गन्ध उसकी रचनाओं में, उसके नहीं चाहने और नहीं जानने पर भी, आती ही रहती है। इसलिए इस निष्कर्ष से हम भाग नहीं सकते कि कला की प्रत्येक कृति किसी-न-किसी मूल्य का प्रचार करती है, जैसे गुलाब और कमल के खिलने से उनकी गन्ध का प्रचार आप ही आप होने लगता है। किन्तु प्रचार कला का निश्चित उद्देश्य है, यह मानने में कठिनाइयाँ हैं,

और सबसे बड़ी कठिनाई यह है कि अगर हम कला का वरण सिर्फ इसलिए करते हैं कि उसके जरिये हमें किसी मत का प्रचार करना है तो सेवक हम उस मत के ठहरते हैं, कला या कविता के नहीं। कला में गन्ध चाहे जिन मूल्यों की भी आए, किन्तु मूलतः वह स्वयं जीवन के एक महान मूल्य का प्रतिनिधित्व करती है और अन्य मूल्यों का प्रचारक मात्र बन जाने से कला उस तत्त्व से कुछ-कुछ वियुक्त हो जाती है जिसके कारण वह स्वयं मूल्यवान है। उदाहरण के लिए, अगर हम यह कहें कि भलमनसाहत हमें इसलिए बरतनी चाहिए कि जिन्दगी में उससे फायदा होता है, तो फिर भलमनसाहत अपने-आपमें कोई गुण नहीं रह जाती, बल्कि वह हमारे फायदों की सीढ़ी बन जाती है। इसी प्रकार, सत्कर्म करने में अगर हमारा यह भाव रहे कि इससे सुयश मिलता है, तो फिर हमारा सत्कर्म सत्कर्म नहीं रहकर सुयश का साधन बन जाता है और हम पर यह दोष आसानी से लगाया जा सकता है कि हम सत्कर्म को सुयश से कम मूल्यवान समझते हैं। अंग्रेजी में एक कहावत है कि सचाई सबसे बड़ी नीति है, जिससे यह ध्वनि निकलती है कि सचाई इसलिए बरतनी चाहिए कि उससे लाभ है। यह ठीक है कि लाभवाले रास्ते पर चलने का लोभ सबमें हो सकता है, किन्तु लाभ तो कभी-कभी सचाई छोड़कर भी प्राप्त किया जा सकता है। अब यहाँ सबसे बड़ा खतरा यह है कि अगर हमारी आँख लाभ पर ही लगी रही तो कभी-कभी हम बेईमानी पर भी उतर सकते हैं, खास कर उस समय, जब लाभ का आसान रास्ता बेईमानी ही नजर आए!

और जो बात नैतिकता के सम्बन्ध में है, वही कला पर भी लागू होती है। कलाकार अपनी कला के माध्यम से कोई गन्ध फैलाए, यह बुरी बात नहीं है; क्योंकि हर आदमी के प्रस्वेद में कोई-न-कोई गन्ध होती है। लेकिन अगर कलाकार कला का माध्यम इसलिए पकड़े कि उसके भीतर से उसे किसी मत या वाद का प्रचार करना है, तो खतरा यह रहेगा कि जहाँ प्रचार की बन्दिशें कला में खप नहीं सकतीं, वहाँ वह कला को विकृत करेगा, उसे वह काम करने को लाचार करेगा, जो काम कला स्वेच्छा से नहीं करना चाहती। सच तो यह है कि जैसे केवल लाभ और सुविधा के

लिए सत्य को अपनानेवाला व्यक्ति कहीं-न-कहीं बेईमान बन जाता है, उसी प्रकार केवल प्रचार के लिए कला को अपनानेवाला कलाकार हमेशा कलाकार नहीं रहता।

ऊपर जो दलीलें दी गई हैं, उनका मान इस भय से कम नहीं समझना चाहिए कि उनसे 'कला के लिए कला' वाले सिद्धान्त का पक्ष पुष्ट होता है। इस सिद्धान्त की निन्दा तो हुई है और वह तिरस्कृत भी कर दिया गया है, किन्तु तब भी प्रत्येक कलाकार के भीतर एक मोह हमेशा मौजूद रहा है कि वह कला की सेवा कला के लिए ही करता है। सत्य के लिए सत्य और कला के लिए कला–ऐसा कहने में कोई दोष नहीं दीखता। दोष तब आता है जब सत्य के नाम पर किसी और वस्तु की पूजा होने लगती है तथा कला के नाम पर वासना का प्रचलन होने लगता है और रुग्ण सुन्दरता के फेरे में पड़कर जिन्दगी की उपेक्षा की जाने लगती है। सत्य, शिव और सुन्दर में से प्रत्येक तत्त्व अपने भीतर बाकी दो तत्त्वों का निचोड़ लिये हुए है। मगर यह अनुभूति तभी आती है जब मनुष्य का जीवन ऊँचा हो जाए, जब बाहरी भेदों को चीरकर वह उस जगह पहुँच जाए जहाँ जीवन और कल्पना, शब्द और विश्वास तथा विश्वास और कर्म में कोई भेद नहीं रह जाता। यही स्थिति महाकलाकार की स्थिति है और ऐसे कलाकार को यह कहना कि तुम कला की उपासना कला के लिए मत करो, सिर्फ अपनी अज्ञता का परिचय देना है। असल में यह उपदेश उनके लिए है जो सामान्य धरातल के कलाकार हैं, जिनमें खूबसूरती के सामने संयम से बैठने की धीरता नहीं है और जो उस योगी के समान छिछले हैं जो चमत्कार दिखाकर लोगों को ठगने से बाज नहीं आता।

कला की खोई हुई प्रतिष्ठा को वापस लाने का सही तरीका यह नहीं है कि हम उसकी प्रचारात्मकता पर जोर दें, बल्कि यह कि हम उन गुणों की कद्र करें जिनका प्रतिनिधित्व करने के कारण कला आज तक आदरणीय रही है। उन मूल्यों पर जोर डालें जिनका दर्शन या विकास वैज्ञानिक तर्कों से नहीं, प्रत्येक कल्पना और सहज-वृत्ति से किया जाता है। कला की स्वीकृति उन शक्तियों की स्वीकृति है जिनके द्वारा मनुष्य सौन्दर्य

को देखने और उसमें खो जाने की क्षमता प्राप्त करता है, जिनके द्वारा वह विस्मित और चकित होने की योग्यता हासिल करता है तथा जिनके द्वारा वह अपने उन रूपों को देख पाता है जो माइक्रोस्कोप और स्टेथेस्कोप से दिखाई नहीं देते।

उपयोग मनुष्य का सर्वस्व नहीं है। उपयोगवादी युग की दृष्टि में कला को इज्जत दिलाने के लिए उपयोग का सहारा भले लिया जाए, मगर बात रह जाती है कि आदमी हर काम उपयोग के लिए ही नहीं करता; बल्कि वह जिन कामों के जरिये पशुत्व से कुछ दूर निकल सका है, उनमें से शायद ही कोई काम ऐसा हो जिसे मनुष्य की जीवधारी प्रवृत्ति का परिणाम कह सकें, जिसे मनुष्य ने जान-बूझकर अपनी जीवन-रक्षा अथवा अपनी आय बढ़ाने के लिए किया हो। कविता और चित्रकारी मनुष्य की जीवन-रक्षा के लिए तनिक भी आवश्यक नहीं है; किन्तु मनुष्य कविता और चित्र बनाकर भी पशुत्व से अलग हुआ है। ईश्वर है या नहीं, मरने के बाद क्या होता है तथा जन्म के पहले हम कहाँ थे—इन विचारों से हमारे जीवन-संघर्ष का क्या सम्बन्ध हो सकता है? फिर भी जो सबसे बड़े आदमी हुए हैं, वे इन्हीं प्रश्नों में उलझे हुए थे। घर हवादार हो, यह मनुष्य की आवश्यकता है; किन्तु वह सुन्दर हो, यह तो बिलकुल उसका शौक है। फिर भी शौक को आदमी अलग नहीं रख सकता। केवल कला ही नहीं, विज्ञान के भी अधिक आविष्कार आकस्मिक रूप से हुए हैं और कुछ ऐसे भी हुए हैं जिनसे मनुष्य का जीवन संकट में पड़ गया है। फिर भी ये आविष्कार मानवीय बुद्धि की विजय के चिह्न हैं। 'यह काम मनुष्य के लिए जरूरी है, इसलिए इसे करना चाहिए और यह काम जरूरी नहीं है, इसलिए इसे नहीं करना चाहिए'—इतना सोचकर विज्ञान भी काम नहीं करता है। कलाकार को जैसे सौन्दर्य की जिज्ञासा रहती है, वैज्ञानिक में भी उसी प्रकार नये-नये नियमों के जानने की उत्सुकता काम करती है और दोनों ही अपना काम बहुत कुछ निरुद्देश्य भाव से करते हैं। उपयोगिता की ओर उनकी दृष्टि कम जाती है। केवल ज्ञान के लिए ज्ञान की खोज करनेवाले पंडितों ने अणु-भंग किया। केवल सौन्दर्य के लिए सौन्दर्य चाहनेवाले लोग विश्व के सर्वश्रेष्ठ कलाकार हुए।

जहाँ तक उपयोगिता का घेरा है, वहाँ तक पशु और मनुष्य दोनों समान हैं। भैंस का आनन्द अनुपयोगी काम करने में नहीं है। अनुपयोगी ज्ञान के संधान और अनुपयोगी सौन्दर्य के विधान से आनन्द लेने की योग्यता मनुष्य में ही होती है। जो कविता, चित्र, मूर्ति अथवा आविष्कार केवल आनन्द एवं औत्सुक्य के भाव से किए गए हैं, वे भी हमारे किसी उपयोग में आ जाएँ, यह दूसरी बात है। किन्तु उपयोग वैज्ञानिक और कलाकार में से किसी की भी प्रेरणा का मूल स्रोत नहीं रहा है। रंजन पहले आत्मदेव का, तब किसी और का; ज्ञान पहले अपनी जिज्ञासा की शान्ति के लिए, तब किसी उपयोग के लिए–यह नियम कला और विज्ञान, दोनों पर लागू रहा है।

भविष्य के लिए लिखने की बात

रामचरितमानस के मंगलाचरण में तुलसीदास जी ने कहा है कि रामायण की रचना मैं अपने अन्तःसुख के लिए कर रहा हूँ। प्रत्येक कलाकार यही कहता है और यह ठीक भी है; क्योंकि रचना की प्रक्रिया से आनन्द नहीं मिले तो कोई भी कलाकार कला-निर्माण की वेदना भुगतने को तैयार नहीं होगा। संसार में जो भी श्रेष्ठ कृतियाँ हैं, चाहे वे ताजमहल के रूप में हों, रामचरितमानस के रूप में हों अथवा भारतीय स्वाधीनता के रूप में हों, वे सब-की-सब अत्यन्त परिश्रम के बाद तैयार हुई हैं। घोर परिश्रम के बिना सुन्दरता का छोटे-से-छोटा रूप भी प्रस्तुत नहीं हो पाता। कविता और चित्र भी इस नियम के अपवाद नहीं हैं।

कलाकार का कार्य भी प्रतिभा से कम, परिश्रम से अधिक सम्पन्न होता है। किन्तु इस परिश्रम को कलाकार परिश्रम इसलिए नहीं मानता कि अपनी रचना से उसे बेहद प्यार होता है और जहाँ प्यार होता है, वहाँ

पसीने से भी अमृत की गन्ध निकलने लगती है। हाँ, जिस कृति की रचना में कलाकार को आनन्द नहीं मिलता, कभी-कभी उसे भी वह अपने अभ्यास और कौशल से पूर्ण कर देता है। किन्तु ऐसी कृतियाँ पाठकों को आनन्द नहीं दे पातीं। इसी कारण आलोचक उन्हें परिश्रम-जनित अथवा लेबर्ड (Laboured) कहकर उनकी निन्दा करता है।

आनन्द एक ऐसा तत्त्व है जो सोद्देश्य और निरुद्देश्य–दोनों ही प्रकार के कलाकारों की प्रेरणा का मूल है। एक प्रकार की समाधि की शीतलता, एक प्रकार की आत्मविस्मृति का आनन्द, एक प्रकार की मग्नता, एक प्रकार का संतोष जो केवल आत्माभिव्यक्ति की पूर्णता से उत्पन्न होता है–ये ही वे निराकार सुख हैं, जो कलाकार को किसी कृति की रचना में लगाए रहते हैं। आनन्द कला की पहली शर्त है। कविता रचने के समय कवि को आनन्द होता है। कविता पढ़ने के समय पाठक को आनन्द होता है। कुछ भी सीखने के पूर्व पाठक कविता से आनन्द की लहर चाहता है। कोई भी उपदेश भरने से पूर्व कवि अपनी कविता में आनन्द का ओज भरता है।

कहने को तो बहुत-से लोग कहते हैं कि कविता समाज और देश का उद्धार करने को की जानी चाहिए और साहित्य का विकास यह मानकर किया जाना चाहिए कि वह सर्वहारा के हाथ की तलवार है; किन्तु जिस कविता में आनन्द की शक्ति नहीं, वह देशोद्धार करने में भी असमर्थ होगी और जिस साहित्य में मानस-कमल को उत्फुल्ल करने की सामर्थ्य नहीं, उसे सर्वहारा भी अपनी तलवार नहीं मानेगा। कविता के बारे में आचार्य मम्मट ने कहा है : 'कान्तासम्मिततयोपदेशयुजे'–अर्थात् उपदेश देनेवाली कविता भी पंडित नहीं, प्रिया के समान आचरण करती है।

सबसे अच्छा संगीत वह है जिस पर और कोई रीझे या नहीं रीझे, किन्तु आत्मदेवता अवश्य रीझ जाए। सबसे अच्छी कविता वह है जिससे देश और समाज निहाल हों या नहीं, किन्तु कवि का अपना हृदय अवश्य निहाल हो जाए। और सबसे अच्छा नृत्य वह है जबकि नर्तकी के भीतर यह अनुभूति हो कि उसे कोई भी देख नहीं रहा है; वह हृदय के मन्दिर में कपाट बन्द करके अपने सामने आप ही नाच रही है।

ये दलीलें इस बात की हुईं कि कलाकार की प्रेरणा का मूलस्रोत उसका अपना आनन्द है, उसकी अपनी शान्ति और अपना संतोष है। किन्तु कलाकार के सम्बन्ध की सारी बातें यहीं खत्म नहीं हो जातीं। यह तो कला का मात्र वैयक्तिक पक्ष है। उसका एक सामाजिक पक्ष भी है जिसकी अवहेलना कलाकार नहीं कर सकता। तुलसीदास जी ने भी केवल 'स्वान्तःसुखाय' कहकर कलाकार के धर्म की इतिश्री नहीं की। आगे चलकर उन्होंने यह भी कहा कि :

जेहि प्रबन्ध बुध नहीं आदरहीं, सो स्रम बादि बाल कवि करहीं।

तथा

कीरति भनिति भूति भलि सोई, सुरसरि सम सब कहँ हित होई।

ये 'बुध' और ये 'सब' कौन हैं? क्या वे लोग जो अभी नहीं जन्मे हैं, अथवा वे लोग जिनकी पीढ़ी में बैठकर कलाकार अपनी कृति की रचना कर रहा है?

ऐसा पूछने का कारण यह है कि लेखक और कवि अक्सर यह कहकर वर्तमान की अवहेलना कर बैठते हैं कि हमारे समकालीन हमें समझें तो ठीक, नहीं तो हम उनके लिए लिखते ही नहीं हैं। हमारे पाठक वे हैं, जो अभी जन्मे नहीं हैं। अपरिचित और अज्ञात के प्रति एक प्रकार की प्रेमपूर्ण उत्सुकता, एक प्रकार की सहज आसक्ति और विश्वास—ये कलाकारों के लक्षण हैं और इसी के कारण वे बहुधा वर्तमान की अपेक्षा भविष्यत् को अधिक अनुकूल मान लेते हैं। जर्मन कवि गेटे के महाकाव्य 'फॉस्ट' के आमुख में नाटक का मैनेजर कवि से यह कहता है कि जो लोग नाटक देखने के लिए रंगशाला में आ रहे हैं, वे सब-के-सब कविता के उच्च गुणों के पारखी नहीं हैं, न वे ऊँची कविता का आनन्द ही ले सकते हैं। ऐसी अवस्था में उचित यह है कि कवि जनता के बौद्धिक स्तर को देखते हुए कुछ ऐसी चीज लिख दे जिससे उसका मनोरंजन हो, उसके रक्त में आनन्द का उबाल आए और वह तृप्त होकर घर लौटे। किन्तु कवि को यह बात पसन्द नहीं आती। वह भावुक है; सूक्ष्म भावों और विचारों का स्रष्टा है। अतएव जनसमूह के कोलाहल से वह घबराने लगता है। कवि कहता है : 'इस भीड़ की ओर मेरी आँखों को मत ले जाओ।

ऐसी भीड़ को देखते ही हम कवियों की आत्मा कहीं दूर भाग जाना चाहती है। मेरे और इस भीड़ के बीच में कोई परदा डाल दो; कहीं ऐसा न हो कि इस भीड़ की छूत मुझे भी ऊँचाई पर से नीचे उतार ले। मैनेजर! मुझे मुक्त करो और अपने लिए कोई और गुलाम ठीक कर लो। प्रकृति ने बड़ी पवित्र शक्ति मुझे सौंपी है। उस शक्ति का उपयोग मैं तुम्हारा तुच्छ व्यवसाय के लिए नहीं कर सकता। मैं स्वर्ग के उस शान्त प्रदेश में जाना चाहता हूँ जहाँ कवि का निर्दोष आनन्द फूल की तरह खिल रहा है। वर्तमान को प्रसन्न करने के लिए जो चीज लिखी जाती है, वह तुच्छ होती है। शुद्ध सोना तो वह है जिसे भविष्यवाले जुगाकर रखेंगे।'

ये भाव कुछ-कुछ प्रत्येक लेखक और कवि में होते हैं। लेखक और कवि, एक ही युग में जीते हुए, अन्य मनुष्यों की अपेक्षा कुछ अधिक जीवित और चैतन्य होते हैं। जो भाव जनसाधारण के अन्तर्मन में छिपा रहता है, उसका पता जनसाधारण से पूर्व उसके लेखकों और कवियों को चल जाता है। अपने जानते ये कलाकार इन भावों के अत्यन्त सूक्ष्म रूपों को पकड़ते हैं एवं उन्हें अपनी रचनाओं में स्थान देते हैं। किन्तु जब ये रचनाएँ जनता को हिला नहीं सकतीं अथवा उतना नहीं हिला सकतीं जितना कि रचयिता चाहते हैं, तब इन रचयिताओं को समकालीन जनता से कुछ विरक्ति-सी हो जाती है और वे वर्तमान को लात मारकर अपने-आपको भावी संततियों के काल्पनिक प्रेम के भरोसे छोड़ देते हैं अथवा यह कहने लगते हैं कि उन्होंने केवल अपनी प्रसन्नता के लिए रचना की है।

'मैं अपने आनन्द के लिए लिखता हूँ'—लेखक का यह दावा अपनी जगह पर बिलकुल ठीक है। लेकिन इसके बाद एक दूसरा प्रश्न भी उठता है कि अपनी प्रसन्नता के बाद लेखक किसी और को भी प्रसन्न करना चाहता है या नहीं? इस प्रश्न का उत्तर देना सभी लेखक पसन्द नहीं करेंगे; किन्तु जो उत्तर देना चाहेंगे, उनके मुख से भी शायद यह बात नहीं निकलेगी कि हम उनके लिए लिखते हैं जो अभी जन्मे नहीं हैं, उनके लिए नहीं जो हमारे समकालीन हैं। यदि कोई लेखक ऐसा कह भी दे तो लोग उसकी बात पर हँस देंगे, क्योंकि ऐसा समझने का कोई निश्चित आधार

नहीं है कि आनेवाले युग के सभी लोग उस लेखक के मित्र ही होंगे जो अपने समकालीन लोगों से चिढ़ा हुआ अथवा अप्रसन्न है। भवभूति की 'उत्पत्स्यते च मम कोऽपि समानधर्मा' वाली उक्ति एक ओर जहाँ कवि के प्रगाढ़ आत्मविश्वास को व्यंजित करती है, वहाँ दूसरी ओर बहुधा वह ऐसे लोगों की कुंठा और विफलता का आवरण भी बन जाती है जो जनरुचि से परास्त होकर उसे निकृष्ट मान लेते हैं और भवभूति के इस श्लोक का पाठ करके यह समझने लगते हैं कि भविष्य का अमरतासेवित कुंज सचमुच उन्हीं के विहार के लिए है।

केवल लेखक और कवि ही नहीं, संत और महात्मा भी उस काल की आवश्यकता से उत्पन्न होते हैं, जिस काल में उनका जन्म होता है। कोई भी जीवित लेखक किसी ऐसी चिन्ताधारा का परिणाम नहीं कहा जा सकता जो अतीत के किसी गह्वर में उठी थी और अब जिसका कोई भी चिह्न शेष नहीं है। न हम यही कह सकते हैं कि लेखकों और कवियों का सम्बन्ध उस विचारधारा से होना चाहिए जो भविष्य में फूटनेवाली है तथा आज जिसका कहीं पता भी नहीं है। इसके विपरीत, वर्तमान की जो शंकाएँ और प्रश्न हैं, उनका प्रभाव जीवित कलाकारों पर पड़कर रहता है। असल में हम जो कुछ लिखते हैं, वह उन समस्याओं का विश्लेषण या समाधान है जो हमारे समकालीन बन्धुओं के हृदय को झकझोर रही हैं। साहित्य के सबसे प्रमुख श्रोता वे ही लोग होते हैं जिनके बीच में रहकर साहित्यकार साहित्य की रचना करता है। भविष्य के श्रोता बहुत दूर के श्रोता हैं, जो साहित्यकार को नहीं देखते, उसकी रचना को काल-रूपी डाकिये के हाथों प्राप्त करते हैं।

इसलिए यह बात ठीक से समझ में आने की नहीं है कि कोई लेखक यह क्यों कहता है कि वह भविष्य का मनोरंजन करने को लिख रहा है। यदि सभी लेखक भविष्य का मनोरंजन करने को लिखने लगें तो फिर वर्तमान का मनोरंजन कौन करेगा? और भविष्य के साथ यह अनुचित पक्षपात क्यों? आखिर वर्तमान ने कौन-सा ऐसा कसूर किया है कि लेखक उसका मनोरंजन करने में लज्जा का अनुभव करे? कहीं आलोचकों की यह फब्ती सही तो नहीं है कि ये लेखक एक ऐसी सफलता

से घृणा करने का स्वांग भर रहे हैं जिसे वे लाख कोशिश करने पर भी प्राप्त नहीं कर सके? जिस लेखक की वर्तमान समाज के साथ ठीक से नहीं पटती, क्या पता है कि भविष्य का समाज उससे प्रेम करनेवाला होगा? भविष्य भी तो आखिर एक दिन वर्तमान ही बनेगा और उस काल के लोगों की भी धारणाएँ भिन्न-भिन्न होंगी, कुछ ऐसी जो हमारे अनुकूल पड़ेंगी और कुछ ऐसी जो हमारे विरुद्ध भी पड़ सकती हैं, जैसाकि आज भी है। अतीत की बहुत-सी बातें मिट गईं, किन्तु कुछ आज भी जीवित है। इसी प्रकार वर्तमान की भी कुछ बातें मिट जाएँगी और कुछ भविष्य में जीवित रहेंगी। जो लोग वर्तमान के द्रोही और भविष्य के अन्धभक्त हैं, उनकी स्थिति यह होगी कि वर्तमान का जीवित अंश तो भविष्य में भी उनका विरोधी रहेगा और भविष्य का जो अनिश्चित अंश है, उसके बारे में निश्चयपूर्वक कुछ कहा नहीं जा सकता। संक्षेप में जो बात दिखलाई पड़ती है, वह यह है कि भविष्यवादी लेखक उन्हें तो अपना शत्रु मानता है जिनसे उसकी पूरी जान-पहचान है, किन्तु उन लोगों को वह अपना मित्र मानकर चल रहा है जिनसे उसकी कोई जान-पहचान नहीं है।

लेखक अपनी जिस कमजोरी के कारण वर्तमान से भागकर भविष्य में छिपना चाहता है, वह कमजोरी भविष्य में भी उसका पीछा छोड़नेवाली नहीं है। भविष्य कोई ऐसी चीज नहीं है जो एक दिन अचानक आकाश से टपक पड़े। आज का वर्तमान कल भविष्य था और कल का भविष्य आज के वर्तमान के पेट में है। इसके सिवा, भविष्य का निर्माण बहुत कुछ वर्तमान के हाथों होता है। जो लोग वर्तमान को अपने अधिकार में लाए हुए हैं, उनकी इच्छा, उनकी नीति और अपने युग को लाँघकर उनके आगे बढ़ने के प्रयास से भविष्य की रूप-रेखा तैयार होती है। संतति बाप से बिलकुल भिन्न नहीं, बहुत कुछ उसके समान होती है। और अगर यह कहें कि पीढ़ी-दर-पीढ़ी बहुत आगे चलकर कोई ऐसी पुश्त आनेवाली है जो ठीक उस लेखक के समान होगी जो आज उपेक्षा झेल रहा है, तो यह बिलकुल आकस्मिक घटना है जिसका विवेक से पूरा सम्बन्ध नहीं है। ऐसे संत और सुधारक हुए हैं जो अपने जीवनकाल में बहुत अधिक अनुगामी नहीं पा सके, किन्तु मरने के बाद जिनके अनुगामियों की संख्या विशाल

हो गई। किन्तु यहाँ यह भी देखना होगा कि ये संत और सुधारक अपने समय में भी काफी प्रसिद्ध थे और सबसे बड़ी बात तो यह है कि वे भविष्य की संततियों को सम्बोधित नहीं करके अपने ही काल के मनुष्यों को उपदेश दे रहे थे। उन्हें हम उपेक्षित नहीं कह सकते; क्योंकि उनके जीवनकाल में भी उनका अस्तित्व अत्यन्त प्रत्यक्ष था। फिर भी लोगों ने उनकी बात अगर देर से मानी तो इसका कारण यह था कि उनके उपदेश या तो अत्यन्त ऊँचे थे जहाँ तक पहुँचने के लिए मनुष्य को अभी कुछ और प्रगति की आवश्यकता थी अथवा तत्कालीन राज्यसत्ता उनके विरुद्ध थी। असल में, ये लोग जब वर्तमान पर कब्जा करने की कोशिश कर रहे थे, तब उसी कोशिश के भीतर से उनका भविष्य भी जन्म ग्रहण कर रहा था। मगर ऐसे सुधारक अपवाद होते हैं और उनका अवतार कभी-कभी ही होता है। सामान्य नियम यही है कि साहित्यकार का सुयश कभी बिलकुल विलुप्त और कभी अत्यन्त जाज्वल्यमान नहीं होता। वर्तमान और भविष्य की भूमि में वह जब-तब घटता-बढ़ता रहता है। यह भी है कि प्रत्येक जीवित काल अपनी परिधि को अपनी सीमा से कुछ बाहर तक फैला देता है और यही वह घेरा है जिसके भीतर बैठकर साहित्यकार अपनी चीजों की रचना करता है। इसलिए उसकी चीजें, एक हद तक वर्तमान और भविष्य—दोनों को प्रतिफलित करती हैं। लेकिन जब वर्तमान मरता है तब उसके घेरे का यह भविष्य भी मर जाता है और जिन चीजों को एक समय का मनुष्य उत्साह, प्रेम अथवा घृणा और क्रोध से देखता था, उन्हीं चीजों को दूसरे युग का मनुष्य एक प्रकार की तटस्थता से देखने लगता है।

जीन पाल सत्रे का इस सम्बन्ध में यह विचार है कि कला उन लोगों के साथ वार्तालाप का रूप नहीं ले सकती जो या तो मर चुके हैं या अभी पैदा ही नहीं हुए हैं। ये दोनों काम जितने मुश्किल दीखते हैं, उतने ही आसान भी हैं। अतीत और भविष्य भी सत्य हो सकते हैं, किन्तु इन दो में से एक तो सत्य का वह रूप है जो मर चुका है और दूसरा वह जिसका अभी जन्म ही नहीं हुआ है। जीवित सत्य तो वही काल हो सकता है जो अभी जी रहा है। प्रसव-वेदना को सहकर यह जीवित युग ही उन घटनाओं

को जन्म देता है जिन्हें बाद के इतिहासकार अपनी पोथियों में दर्ज करनेवाले हैं। जिस उत्साह और आशय के ताने-बाने को बाद का इतिहास अलग करके सुलझाएगा, उस उत्साह और आशय की असली जिन्दगी तो वह है जिससे हमारा जमाना जी रहा है। इतिहास मरे हुए युगों का समूह होता है। जब भी कोई शताब्दी मरती है, वह तुरन्त अपने ही समान अनेक मृत शताब्दियों की पंक्ति में जा खड़ी होती है। तब उस पर भी नई रोशनी फेंकी जाती है; तब उसे भी नये ज्ञान चुनौती देते हैं; और तब उसकी समस्याओं का भी नये ढंग से समाधान खोजा जाता है। मरा हुआ युग बराबर गलत समझा जाता है, किन्तु प्रत्येक युग अपने जीवनकाल में सत्य ही रहता है।

कोई भी ग्रन्थ सम्पूर्ण सत्य का प्रतिनिधित्व अपने ही समय में कर सकता है। अच्छी किताबों की हलचल ठीक उसी तरह की होती है, जैसे महामारी या दुर्भिक्ष से फैलनेवाला आतंक। यह ठीक है कि इस हलचल का दायरा जरा सीमित होता है; लेकिन कैफियत दोनों की एक होती है। ऐसी किताब के निकलते ही लेखक और पाठकों के बीच प्रेम, घृणा या क्रोध और आक्रोश के तार बँध जाते हैं। किताबों की असली जिन्दगी यही है, जब वे समाज में हलचल मचा सकती हैं, जब वे अपने लिए दोस्त और दुश्मन पैदा कर सकती हैं। पुस्तक जब लोगों का ध्यान आकृष्ट करने में सफल हो जाती है, तब हजारों लोग उसका अनादर भी करते हैं; क्योंकि अंगारे तभी तक जलाने का काम करते हैं जब तक कि काल उन्हें बुझाकर कोयला न बना दे। अपनी रचना के समय अच्छी पुस्तक पूर्ण रूप से जीवित और क्रियाशील रहती है। उसके प्रकाशन से उत्साह ही नहीं, आतंक भी फैलता है; लोग उसे भुलाना चाहते हैं, मगर भुला नहीं सकते; लोग उसे उखाड़ना चाहते हैं, मगर उखाड़ नहीं सकते। कलम के जोर से जितने भी अच्छे या बुरे कार्य हो सकते हैं, उन्हें पुस्तकें अधिकतर अपने रचनाकाल में ही कर डालती हैं। बाद को चलकर जब पुस्तकों का रचनाकाल समाप्त हो जाता है, तब वे भी सापेक्ष मूल्यों के वृत्त में पहुँचकर सन्देश बन जाती हैं। फिर उनके लिए जनता में वह जोश नहीं रहता, जो प्रकाशन के समय में जगता है। अब लोग अनेक विचारों में से उन्हें भी

कुछ के प्रतिनिधि मान लेते हैं और इस कारण वे इन किताबों को जरा निरपेक्ष भाव से ही पढ़ते हैं। लेकिन आनेवाली संततियों की राय से वे रायें खारिज नहीं होतीं जो रचनाकाल में उन पुस्तकों पर दी जा चुकी हैं। पुस्तकों का जो असली स्वाद है, वह तो उन्हें ही मिलता है जिनके समय में उनकी रचना की जाती है। इसके विपरीत, पुस्तकें जब एक पीढ़ी के द्वारा दूसरी पीढ़ी में पहुँचाई जाने लगती हैं, तब उनका स्वाद बिगड़कर उन फलों का-सा हो जाता है जो मर चुके हैं, जिनमें रंग की थरथराहट और ताजगी का निशान बाकी नहीं है। वैसे तो विचारों के संघर्ष काफी बाद तक चलते हैं। किन्तु जब नये विचार पहले-पहल आते हैं, तब उनकी वीरता कुछ और ही होती है।

प्रत्येक लेखक को सबसे पहले अपने ही समय के लिए लिखना चाहिए और यही वह धर्म है जिसका पालन संसार के सभी बड़े लेखकों ने किया है। लेकिन अपने समय के लिए लिखने का अर्थ यह नहीं है कि हम अपने युग के भीतर अपने-आपको बन्द कर लें। इसका यह भी अर्थ नहीं है कि हम आँख मूँदकर, तटस्थ भाव से अपने युग की अवस्थाओं का सिर्फ ध्यान किया करें। उलटे, अपने युग के लिए लिखने का अर्थ है उरा युग के मूल्यों की रक्षा करने अथवा उन्हें बदलने का प्रयास और इसी प्रयास के क्रम में हम वर्तमान से निकलकर भविष्य की ओर बढ़ते हैं; क्योंकि वर्तमान अपनी रूढ़ियों का निश्चल समूह नहीं है, वह बराबर प्रगति करता है, वह बराबर बढ़कर अपनी सीमाओं के पार पहुँचना चाहता है। जो अपनी सीमित परिधि के परे एक अन्य क्षितिज की रेखा नहीं खींच सकता, वह न तो मनुष्य बन सकता है, न लेखक या कलाकार। किन्तु अपनी परिधि को लाँघने का यह कार्य शून्य में कूदने के समान लक्ष्यहीन नहीं होता। हम अपनी परिधि से क्यों और कहाँ निकलना चाहते हैं, यह सोच लेने का विषय है। लेखक परिधि को लाँघकर अपने-आपको अतिक्रमित करना चाहता है, इसका कारण यह है कि उसके भीतर संसार के किसी अंग को बदलने का संकल्प काम कर रहा है और जब वह अपने घेरे को लाँघने का साहस करता है, तब भी वह जानता होता है कि अपनी सीमा से निकलकर वह कहाँ जा रहा है;

कौन वे मूल्य हैं जो उसे पसन्द नहीं आते और कौन वे मूल्य हैं जिन्हें वह पाना चाहता है।

कुछ लोग यह भी कहते हैं कि मनुष्य अपने युग का अतिक्रमण इसलिए भी करना चाहता है कि उसके भीतर अमरता का लोभ है। किन्तु यह अतिक्रमण मिथ्या कोटि का अतिक्रमण है। जिस परिस्थिति को हम बर्दाश्त नहीं करना चाहते, उसे बदलने के बदले, अगर हम शरण खोजते हुए भविष्य में भाग जाएँ तो यह शुद्ध पलायनवाद कहा जाएगा; क्योंकि यह भविष्य हमारी निर्मिति का भविष्य नहीं है। असल में, यह हमारा भविष्य नहीं, बल्कि हमारी संततियों का वर्तमान है जिस पर हम कोई प्रभाव नहीं डाल सकते। तब भी अगर इस भविष्य के लोग हमारी रचनाओं को पढ़ेंगे तो एक ऐसे उद्‌देश्य के लिए जो हमारा नहीं, बिलकुल उनका अपना उद्‌देश्य है और जिनके सम्बन्ध में हमने कभी कोई बात सोची भी नहीं थी। ऐसी हालत में हम अगर अपनी आयु बढ़ाने का जिम्मा उनके ऊपर डालते हैं तो यह कोई अच्छी बात नहीं है। और इन अजनबी संततियों को प्रभावित करने में असमर्थ होते हुए भी अगर हम उनके दरवाजों पर अपनी जिन्दगी की भीख माँगें और कहें कि चाहे जिस मन से भी पढ़ो, मगर हमें पढ़ते रहो जिससे हम कुछ दिन और जी सकें, तो क्या इस दैन्य से हमारा गौरव बढ़नेवाला है?

राष्ट्रीयता और अन्तरराष्ट्रीयता

सामान्य मनुष्य को हम जिस गज से मापते हैं, महापुरुषों की ऊँचाई और विस्तार उसी गज से मापे नहीं जा सकते। दूसरी बात यह है कि महापुरुषों का मस्तिष्क इतना विशाल होता है कि उसमें एक साथ दोनों ध्रुव निवास कर सकते हैं और बोलनेवाला जिन्दगी भर एक ही ध्रुव से नहीं बोलता; वह जब जहाँ रहता है, तब उसी ध्रुव से अपना सन्देश सुनाता है।

मगर सुननेवाले तो छोटे ठहरे। वे कहते हैं, यह विरोधाभास है। वे कहते हैं, कल हमने जितना मापा था, आज उससे लम्बाई कम या अधिक पड़ती है। मगर कौन समझाए उन्हें यह बात कि एक शब्द का अर्थ सभी शब्दों में निहित है और सभी शब्द किसी एक ही अर्थ की ओर इंगित करते हैं!

गांधी जी और रवीन्द्रनाथ को लेकर जब-तब यह विवाद उठाया जाता है कि उनमें एक राष्ट्रीय और दूसरा अन्तरराष्ट्रीय था; किन्तु ऐसा

कहके गांधी जी को जहाँ हम सीमित करके छोड़ देते हैं, वहाँ रवीन्द्र के भी केन्द्रबिन्दु का हम लोप कर देते हैं, जिससे संलग्न रहे बिना परिधि की रेखा पर घूमना असम्भव नहीं तो निरवलम्ब कृत्य तो अवश्य है।

सच पूछिए तो गांधी जी वही पुरुष थे जिनकी प्रतीक्षा रवीन्द्र के गीतों और नाटकों में की जा रही थी और जिसके स्वागत में कवि ने पहले से ही अपनी कल्पना को मिट्टी पर बिछा रखा था। और रवीन्द्र भारत की ठीक वही आत्मा थे, जिसके उद्गारों को मूर्त रूप देने के लिए गांधी का आविर्भाव हुआ था। सच पूछिए तो गांधी और रवीन्द्र एक-दूसरे के पूरक नहीं, बल्कि एक ही हीरे के दो पहलुओं के समान थे।

जब गांधी जी ने शरीर के अखाड़े में आत्मा का शस्त्र निकाला, तब सारी दुनिया एक बार अनुपम चमत्कार से भर गई और स्वयं गुरुदेव ने भी अपने चिरपोषित आदर्श को अपनी ही जन्मभूमि में आकार ग्रहण करते देखकर लन्दन से लिखा कि 'हम तो गांधी जी के इसलिए कृतज्ञ हैं कि वे भारतवर्ष को यह प्रमाणित करने का अवसर दे रहे हैं कि मानवात्मा की दिव्यता में उसका अब भी अटूट विश्वास है।'

इस एक उक्ति से इस बात का संकेत मिलता है कि राष्ट्रीयता का कौन-सा रूप रवीन्द्रनाथ को प्रिय था। अगर ऊँचा उठकर देखा जाए तो गांधी जी और रवीन्द्रनाथ की राष्ट्रीयता तथा अन्तरराष्ट्रीयता सम्बन्धी धारणाओं में बहुत बड़ा भेद नहीं मिलेगा। गांधी जी ने भी विश्व-वेदना से पीड़ित होकर एक बार कहा था कि हिन्दुस्तान की आजादी अगर पेरिस और लन्दन के भस्मावशेष पर पड़ी मिली भी, तो वह किस काम की होगी? गांधी जी रवीन्द्रनाथ की तरह ही विश्ववादी थे; किन्तु इतना होने पर भी अगर गांधी जी में हमें राष्ट्र की रेखाएँ विलीन होती नहीं दिखाई देती हैं, तो उसका सबसे प्रधान कारण यह है कि गांधी जी ने जीवन में राजनीति के माध्यम से प्रवेश किया था और यद्यपि इस माध्यम को फैलाकर वे समस्त विश्व तक ले गए, फिर भी उसके आरम्भिक चिह्न अन्त तक बने रहे। इसके विपरीत रवीन्द्रनाथ जीवन में कौतुक, विस्मय, श्रद्धा और धर्म के माध्यम से आए थे। ऐसा लगता है, मानो उन्होंने आस-पास नजर डालने के पहले दूर क्षितिज पर ही दृष्टिपात किया हो,

जहाँ भूमि आकाश से मिली हुई मालूम होती है। निकट से देखने पर एक घर और दूसरे घर के बीच जो अन्तराल है, वही प्रमुख रहता है। किन्तु दूर से देखने पर सारा गाँव निरन्तराल पुंज के समान दीखता है। रवीन्द्रनाथ की प्रथम दृष्टि में ही विश्व की जो निरन्तरालता प्रमुख हो उठी थी, वह बराबर उनके साथ रही।

रवीन्द्रनाथ में राष्ट्रीयता और अन्तरराष्ट्रीयता एकाकार दीखती है। अपनी मान्यता की राष्ट्रीयता की व्याख्या करते हुए उन्होंने 'रिलीजन ऑव मैन' में कहा कि भारतवर्ष को मैं कोई भौगोलिक खंड नहीं, बल्कि एक भावना मानता हूँ। यह भावना आध्यात्मिक मनुष्य की सत्ता में विश्वास की भावना है; यह भावना उस मनुष्य की खोज में इस प्रकार लग जाने की भावना है, जिससे सम्भव है, हमारी सारी भौतिक समृद्धियाँ ही समाप्त हो जाएँ। भारत सब कुछ खोकर भी आज तक उस भावना से लिपटा हुआ है, एक यही गौरव उसके भविष्य की आशा के लिए काफी है। उन्होंने कहा है कि विदेशों में भी जब किसी मनुष्य में उन्हें भारतीयता का यह लक्षण मिलता था, तब वे उसे आत्मीय जानकर उसका सत्कार करते थे। एक जाति के लोग, दूसरी जाति के लोगों से सर्वथा भिन्न हैं, इस चेतना से ही कवि घबरा जाते थे और भारतीय होने का अभिमान उन्हें इसलिए था कि वे मानते थे कि भारत की मूलात्मा इस भिन्नता के विरुद्ध है। उनका विश्वास था कि मनुष्य के अनन्त एवं निरवच्छिन्न व्यक्तित्व को पूजनेवाली इस भावना की जिस दिन भी विजय होगी, उस दिन असल में भारत ही विजयी होगा।

यही राष्ट्रीयता उनकी अन्तरराष्ट्रीयता का भी प्रतीक थी। बहुत वर्ष पहले, 'प्रवासी' शीर्षक की अपनी एक कविता में उन्होंने लिखा था :

सब ठाई मोर घर आछे आमि सेई घर मरि खूँजिया,
देशे-देशे मोर देश आछे आमि सेई देश लेबो जूझिया।

मेरा घर सभी जगहों पर है, मैं उसी को खोज रहा हूँ। मेरा देश सभी देशों में है, जिसे प्राप्त करने के लिए मैं संघर्ष करूँगा।

स्पष्ट ही यह मनुष्य का शारीरिक गृह नहीं है, जो अक्सर दीवारों से घिरा रहा करता है। यह तो आत्मा का गृह और आत्मा का ही देश

है। शरीर की दीवार एक आत्मा को दूसरी आत्मा के साथ मिलने से रोक नहीं सकती। मनुष्य-मनुष्य में शरीर को लेकर जो भेद है, वही वर्ग, वर्ण, जाति, श्रेणी और राष्ट्र के घेरे उत्पन्न करता है। एक बार अगर इस भेद का बाँध टूट जाए, तो विश्वमानवता का समुद्र एक साथ लहरा उठेगा। रवीन्द्रनाथ योद्धा नहीं थे, इसलिए भिन्नता के बाँधों पर उन्होंने खुलकर प्रहार नहीं किया। किन्तु अपने समस्त साहित्य के द्वारा उन्होंने मनुष्य की आत्मा को यह पुकार भेजी है कि इन बाँधों के ऊपर होकर बह जाओ और अपने उस रूप के साथ एकाकार हो जाओ जो बन्धन के परे न जाने कब से तुमसे मिलने को बेचैन हो रहा है।

अपनी कल्पना की राष्ट्रीयता और अन्तरराष्ट्रीयता का पारस्परिक सम्बन्ध बताते हुए उन्होंने अपने एक दीक्षान्त भाषण में कहा था कि आज की अनन्त समस्याएँ अन्तरराष्ट्रीयता की समस्याएँ हैं। किन्तु इनके उपयुक्त सच्चे अन्तरराष्ट्रीय मस्तिष्क का अभी निर्माण ही नहीं हो पाया है। जिसे जनसाधारण अन्तरराष्ट्रीयता और विश्ववाद कहता है, रवीन्द्रनाथ को उससे प्रेम नहीं था। वे नाम और आन्दोलन नहीं, बल्कि मनुष्य की आत्मा का निर्बंध प्रसार चाहते थे। विश्ववाद की उपमा उन्होंने वाष्प से दी है। पानी जब भाप बन जाता है, तब वह विशाल और पूंजीभूत तो मालूम होता है, किन्तु उस भाप को लेकर कोई क्या करेगा? और भाप तो किसी की पकड़ में भी नहीं आती। विश्ववाद का नारा भी ऐसा ही अस्पष्ट एवं धुँधला पदार्थ है। असल जरूरत तो यह है कि मनुष्य का हृदय उन्नत हो, उसकी सहानुभूति बढ़े और दूसरों की ओर देखनेवाली उसकी दृष्टि बदल जाए। गुरुदेव का कहना है, सच्चा विश्ववाद यह नहीं है कि हम अपने घरों की दीवारों को तोड़ दें, बल्कि यह है कि हम अपने पड़ोसियों और अतिथियों को वह प्रेमपूर्ण आतिथ्य अर्पित करने को तैयार रहें, जिस पर उनका जन्मसिद्ध अधिकार है।

धरती अपनी धुरी पर भी घूमती है और वह सूर्य के भी चारों ओर घूमती है। उसी प्रकार, प्रत्येक व्यक्ति की भी दो गतियाँ होनी चाहिए। एक तो अपनी निजी वैयक्तिकता की धुरी पर घूमने के लिए और दूसरी उस आदर्श के चारों ओर, जिसमें समस्त मानव-समाज समाहित है।

हिन्दी कविता में एकता का प्रवाह

अक्सर देखा गया है कि किसी देश के लोगों में राष्ट्रीयता का भाव उस समय पैदा होता है, जब वह देश किसी और देश का गुलाम हो जाता है। जब मुसलमान हिन्दुस्तान के शासक हुए, तब इस देश में राष्ट्रीयता को जन्म देनेवाली हालत पैदा हो गई थी, लेकिन राष्ट्रीयता उस समय जन्मी नहीं। हम्मीर और खुमान जैसे हिन्दू वीरों के चरित्र पर जो काव्य लिखे गए, उनमें एक प्रकार की राष्ट्रीयता की झलक जरूर थी, मगर वह राष्ट्रीयता बहुत दूर सीमित भी रही। असल में इन काव्यों में हिन्दू-राष्ट्रीयता नहीं, वैयक्तिक वीरों की प्रशस्ति है। हाँ, औरंगजेब के जमाने में हिन्दू-राष्ट्रीयता में एक जबर्दस्त उभार जरूर आया जिसके कवि भूषण हुए। मगर हिन्दी के आलोचक भूषण को भी राष्ट्रीय कवि नहीं मानते, क्योंकि पश्चिम से आनेवाली राष्ट्रीयता की सभी शर्तें उनसे पूरी नहीं होती हैं।

हमारे देश में राष्ट्रीयता का असली जन्म उन्नीसवीं सदी में हुआ, जब अंग्रेजी सल्तनत यहाँ अपना पाँव जमाकर बैठ गई और उसके जहर का अनुभव हिन्दू और मुसलमान दोनों ही करने लगे। अंग्रेजी राज के साथ यूरोप से जो ज्ञान, विज्ञान, धर्म और नैतिकता के नये भाव इस देश में आए, उनके सामने हिन्दू और मुसलमान–दोनों ही जातियाँ काँपने लगीं। हिन्दू धर्म और इस्लाम–दोनों में से किसी के भी पास वह चीज नहीं थी जिसे लेकर यह देश यूरोप से आए हुए विज्ञान और बुद्धिवाद का मुकाबला करता। निदान, जिन हिन्दुस्तानियों को अंग्रेजी की शिक्षा मिली, उनमें से अधिकांश लोग अपने धर्म, अपनी संस्कृति और अपनी तहजीब की निन्दा करने लगे। हिन्दुस्तानियों के द्वारा हिन्दुस्तान के मजहब और तहजीब की ऐसी आलोचना शुरू हुई कि एक घमासान-सा मच गया और ऐसा लगने लगा कि यह देश अब पोशाक, रहन-सहन, खान-पान और विचार–सभी दृष्टियों से यूरोप बन जाएगा। भारत की पुरानी और जकड़ी हुई सभ्यता यूरोप की जवान और उच्छल सभ्यता से टकरा गई थी और इस धक्के से उसके अंग-अंग काँप रहे थे। मगर इस बूढ़ी सभ्यता ने तुरन्त ही अपने को सँभाला और इस चुनौती का जवाब देने के लिए वह अपने भीतर नई स्फूर्ति, नई ताकत और ताजगी लाने की कोशिश करने लगी। हिन्दू जाति के भीतर से राजा राममोहन राय, केशवचन्द्र सेन, बंकिमचन्द्र, परमहंस रामकृष्ण और स्वामी विवेकानन्द उत्पन्न हुए, जिन्होंने हिन्दू धर्म की पुरातनता को धो-माँजकर उसका एक ऐसा रूप खड़ा कर दिया जिस पर अंग्रेजी पढ़े-लिखे हुए हिन्दुओं की भी श्रद्धा हो सकती थी। इसी प्रकार, इस्लाम के भीतर से सर सैयद अहमद खाँ, मौलाना हाली और वहाबी आन्दोलन के कई नेता प्रकट हुए जिन्होंने कुरीतियों को हटाकर इस्लाम का एक निर्मल रूप दुनिया के सामने रखा। इस्लाम को शुद्ध करनेवाले इस आन्दोलन के पहले कवि हाली और दूसरे कवि सर मोहम्मद इकबाल हुए।

यहाँ यह याद रखना चाहिए कि यूरोपीय सभ्यता की टकराहट से हिन्दुत्व और इस्लाम–दोनों की नींद टूटी और दोनों ही अपने भीतर उस ताकत की खोज करने लगे जिसे बढ़ाकर वे विज्ञान, ईसाइयत और नवीन बुद्धिवाद या रैशनेलिटी के हमलों का जवाब दे सकते थे। और दोनों को

यह दिखाई पड़ा कि इस चुनौती का जवाब देने का रास्ता सिर्फ एक है और वह यह कि हम अपने धर्म और संस्कृति के उन प्राचीन सत्यों को जोर से पकड़ें जो अमर हैं और उनका मेल उन नये सत्यों से बिठाएँ जो पच्छिम से आ रहे हैं। राजा राममोहन राय अंग्रेजी के साथ संस्कृत, अरबी और फारसी के भी पंडित थे तथा रामकृष्ण परमहंस कुछ दिनों तक इस्लाम और ईसाइयत की भी साधना कर चुके थे। अतएव, साधना और भीतर से हिन्दुत्व का जो रूप निखरा, वह भारत में फैले हुए सभी धर्मों के सामंजस्य का प्रतीक बन गया।

इस आन्दोलन को हम रिनासां या भारत का नवजागरण कहते हैं और इस नवजागरण ने हमारे देश में राष्ट्रीयता का विकास किया। जब रिनासां या नवजागरण का काल आता है, तब जातियों के कुछ प्राचीन सत्य दुबारा जन्म लेते हैं और जातियाँ अपने इतिहास के उस हिस्से से जा चिपकती हैं जो गुजर चुका है, मगर जिसकी याद से लोगों में स्वाभिमान की रोशनी उमड़ती है। हिन्दुस्तान में भी यही हुआ और बदकिस्मती की बात यह हुई कि अपने पिछले इतिहास को देखते हुए मुसलमान अरब और कुरान की ओर बढ़ते गए और हिन्दू प्राचीन धर्मशास्त्र, वेद तथा उपनिषद् की ओर। नतीजा यह हुआ कि दोनों ही जातियां ने अपनी उन विशिष्टताओं पर ज्यादा जोर देना शुरू किया जो उन्हें अलग करनेवाली थीं, उन पर नहीं जो उन्हें मिलानेवाली थीं और जिन्हें हिन्दुओं और मुसलमानों ने आपस में मिलकर तैयार किया था। हिन्दुओं और मुसलमानों की मिली-जुली संस्कृति के नेता शहंशाह अकबर हुए थे, मगर नवजागरण के बाद श्रद्धा के पात्र अकबर नहीं रहे, कुछ लोगों ने धीरे-धीरे यह पद सम्राट औरंगजेब को दे दिया। भारत में जो रिनासां आया, उसका सबसे बड़ा दोष यह रहा कि उसने हिन्दुओं और मुसलमानों की आँखों को घुमाकर उनके सिर के पीछे कर दिया। आँखें सामने रहें तो हम भविष्य को देख सकते हैं। वे अगर पीठ पर चली जाएँ तो हमें सिर्फ भूत या गुजरा हुआ जमाना ही दिखलाई पड़ेगा।

रिनासां से प्रेरित यह राष्ट्रीयता जब साहित्य में उतरी, तब यह बात स्पष्ट हो गई कि नये हिन्दू और नये मुसलमान किस तरफ को जा रहे हैं।

उस समय, मुस्लिम राष्ट्रीयता के कवि मौलाना अल्ताफ हुसैन हाली हुए जिनके 'मुसद्दस' नामक काव्य ने भारतीय जनता के जागरण की दिशा में बड़ा काम किया लेकिन यह भी ठीक है कि 'मुसद्दस' लिखने की प्रेरणा कवि को विशेषतः मुस्लिम-समाज की दुर्दशा से मिली थी। बल्कि हाली में हम जहाँ-तहाँ इस बात का भी रोना पाते हैं कि भारत में आकर इस्लाम का रूप विकृत हो गया है और हिन्दुत्व से मेल-जोल बढ़ाकर उसने अपनी काफी नुकसानी कर ली है :

वो दीने-हे जाजी का बेबाक बेड़ा,
निशां जिसका अक्साये–आलम में पहुँचा,
किए पै सिपर जिसने सातों समुन्दर,
वो डूबा दहाने में गंगा के आकर।

इसी तरह हिन्दी के सबसे बड़े कवि श्री मैथिलीशरण गुप्त की 'भारत-भारती' भी मुख्यतः हिन्दू राष्ट्रीयता को उत्थान देने को प्रकट हुई और उसने हिन्दुओं का ध्यान उस गुलामी की ओर आकृष्ट किया, जो खत्म हो चुकी थी और जिसकी जगह पर अब नई गुलामी आ गई थी जिसके नीचे हिन्दू और मुसलमान, दोनों ही तड़प रहे थे।

अंग्रेजों के आने से जो स्थिति पैदा हो गई थी, उसका सही चित्रण आगे चलकर इकबाल ने किया :

बुतखाने के दरवाजे पर सोता है बरहमन,
तकदीर को रोता है मुसल्मां तहे मेहराब।

लेकिन 'भारत-भारती' के जमाने तक हिन्दी में यह अनुभूति साफ नहीं हुई थी। इसलिए 'भारत-भारती' के कवि ने लिखा :

अन्यायियों का राज्य भी क्या अचल रह सकता कभी?
आखिर हुए अंग्रेज शासक राज्य है जिनका अभी।

मगर हिन्दुओं और मुसलमानों के बीच इस बढ़ती हुई दरार को पाटने की कोशिश में कांग्रेस अपने जन्मकाल से ही पिल पड़ी और जिस राष्ट्रीयता का प्रतिनिधित्व कांग्रेस करती थी, उसके नारे हिन्दी भाषा के

हृदय पर अमिट अक्षरों में अंकित हो गए। हिन्दी के हृदय की लिखावट इतनी मजबूत है कि उस पर साम्प्रदायिक दंगों का कोई असर नहीं हुआ और न नोआखाली, बिहार और पंजाब की खूँरेजियाँ ही उस पर कोई धब्बा छोड़ सकी हैं। सबसे बड़ी बात तो यह है कि जिस कवि ने 'भारत-भारती' लिखकर एक प्रकार से मौलाना हाली के मुसद्दस का जवाब दिया था, उसने भी एक बार राष्ट्रीय एकता के स्वर को अपना लेने के बाद फिर कभी अपनी राह नहीं बदली और उसकी कविता ने कांग्रेस, गांधी, आजाद और जवाहरलाल के आदर्श को बराबर ऊँचा रखा है। उन्नीसवीं सदी में 'हिन्दी, हिन्दू, हिन्दुस्तान' की आवाज पं. प्रतापनारायण मिश्र ने लगाई थी, मगर यह आवाज उन्हीं के साथ खत्म भी हो गई। उनके बाद के कवियों ने भारत की सभी जातियों को मिलाकर राष्ट्रीय एकता को मजबूत करने के आदर्श को बराबर सामने रखा है।

पं. श्रीधर पाठक ने अपने 'भारत-गीत' में

जय हिन्दू जन, जय मुस्लिम गन,
जैन, पारसी, बौद्ध, क्रिश्चियन,

सभी की जय-कामना एक ही भाव से की और पं. गिरिधर शर्मा ने भारत का जो चित्र खींचा, उसमें सभी प्रान्त भारत के अविच्छिन्न अंग माने गए :

पंजाबी, गुजरात-निवासी,
बंगाली हो या ब्रजवासी,
राजस्थानी या मद्रासी,
सब-के-सब हैं भारतवासी।

स्नेही जी ने भारत के तीस कोटि लोगों की तुलना तीस कोटि देवताओं से की और 'हर-हर महादेव' तथा 'अल्ला हो अकबर' के बीच उन्होंने कोई भेद नहीं माना :

करते हो किस इष्ट-देव का आँख मूँदकर ध्यान?
तीस कोटि लोगों में देखो तीस कोटि भगवान।

तथा

कह दो 'हर-हर' यार! या 'अल्ला-अल्ला' बोल दो।

मन्दिर, मस्जिद और गाय को लेकर हिन्दुस्तान में जो साम्प्रदायिक दंगे चलते रहे, उनका आघात हिन्दी कविता ने बराबर अनुभव किया और बराबर वह भारतवासियों को क्षुद्र धर्म से ऊपर उठकर सच्चे मानव-धर्म की याद दिलाती रही :

खूं बहाया जा रहा इंसान का
सींगवाले जानवर के प्यार में;
कौम की तकदीर फोड़ी जा रही
मस्जिदों की ईंट की दीवार में।

तथा

नूर एक वह रहे तूर पर, या काशी के द्वारों में।
ज्योति एक वह खिले चिता में, या छिप रहे मजारों में,
बहती नहीं उमड़ कूलों से, नदियों को कमजोर कहो,
ऐसे हम, दिल भी कैदी है ईंटों की दीवारों में।

और जब सन् 1946 ई. में नोआखाली और बिहार में दंगे शुरू हुए, तब भी हिन्दी कविता मौन नहीं थी। वह विनाश के नज्जारों को देखकर चीख रही थी, ढार मारकर रो रही थी, करुण स्वरों में पुकार रही थी। मगर देश की बदकिस्मती ने लोगों के कान बहरे कर दिये :

ओ बदनसीब, इस ज्वाला में
आदर्श तुम्हारा जलता है,
समझाएँ कैसे तुम्हें कि
भारतवर्ष तुम्हारा जलता है।
जलते हैं हिन्दू-मुसलमान,
भारत की आँखें जलती हैं,
आनेवाली आजादी की,
लो, दोनों पाँखें जलती हैं।

हिन्दी में एकता के आदर्श के लिए काम करनेवाले कवियों में माधवप्रसाद शुक्ल, माखनलाल चतुर्वेदी, मैथिलीशरण गुप्त और सुभद्रा

कुमारी चौहान के नाम आदर से लिये जाते हैं। लेकिन ऐसा नहीं है कि राष्ट्रीयता की आवाज केवल हिन्दी कविता के ही कंठ से निकली, उर्दू के कवियों ने भी उस आदर्श को पकड़ा जिसके लिए कांग्रेस संघर्ष कर रही थी। इन उर्दू कवियों में सबसे ऊपर इलाहाबाद के विख्यात राष्ट्रीय कवि अकबर रहे, जिनकी पंक्तियाँ क्या हिन्दू और क्या मुसलमान–सबकी जिह्वा पर आज तक चढ़ी हुई हैं। सर सैयद और मौलाना हाली तथा बाद के इकबाल राष्ट्रीयता की जिस धारा के समर्थक थे, अकबर उस धारा के बिलकुल खिलाफ थे और वे सच्चे मन से हिन्दू-मुस्लिम एकता के लिए प्रयास कर रहे थे :

हिन्दू-मुस्लिम एक हैं दोनों,
यानी दोनों ही एशियाई हैं।
हमवतन, हमजुबाँ व हमकिस्मत,
क्यों न कह दूँ कि भाई-भाई हैं?

उन्होंने एक सपना देखा था कि :

मुहर्रम और दशहरा साथ होगा,
निबाह इसका हमारे हाथ होगा,
खुदा की ओर से ही है ये संयोग,
रहें तब क्यों नहीं मिल करके हम लोग?

जिस आदर्श को अकबर साहब ने सरलता से देश के सामने रखा, उसी आदर्श को ओज, वीरता और निर्भीकता के साथ लिखने का श्रेय चकबस्त और जोश को है; बल्कि जोश साहब के विषय में इतना ही कहना यथेष्ट नहीं है। असल में हिन्दी के बाहर एकता और क्रान्ति की जो दो सबसे बड़ी आवाजें उठ रही थीं, उनमें एक तो बंगला के तेजस्वी कवि काजी नजरुल इस्लाम की थी और दूसरी उर्दू के प्रतापी कवि जोश की। हिन्दुस्तान के नौजवानों के हृदय को जोश ने कुछ इस ढब से पकड़ा कि वे अनायास ही हिन्दू और मुसलमान, दोनों के प्यारे हो गए।

मगर अकबर, चकबस्त और जोश तथा श्रीधर पाठक, मैथिलीशरण और माखनलाल हार गए। जीत उनकी हो गई जो इकबाल की धारा के

साथ थे। लेकिन हमारा खयाल है कि यह जीत क्षणस्थायी है। जमीन के कटने और बँटने से आदमी का दिल नहीं बँटना चाहिए। हम जिस आदर्श के लिए लड़ रहे हैं, वह आनेवाली मनुष्यता का आदर्श है। हम जिस दुनिया को अस्तित्व में लाने की कोशिश कर रहे हैं, वह एक ऐसी दुनिया है जहाँ धर्म मनुष्य को आपस में एक करता है, जहाँ राजनीति जनता में बदगुमानी नहीं फैलाती और जहाँ मनुष्य यह महसूस करके एक-दूसरे से सट जाता है कि हम सब-के-सब किसी एक ही बिन्दु से आए हुए हैं।

आज की हालत निराशा और अंधकार जरूर पैदा करती है। एक ही जमीन के दो टुकड़ों के बीच एक नकली रेखा है जो पेड़ों, पहाड़ों और नदियों को ही नहीं, आदमियों को भी बाँटे हुए है। मगर पेड़, पहाड़ और नदी नहीं, भले-बुरे को पहचाननेवाला मनुष्य है। यह रेखा बना रहना चाहती है तो अपनी जगह पर बनी रहे, मगर आदमी आदमी से अलग नहीं रहेगा। हमारी राह प्रेम और मुहब्बत की राह है। घृणा, कलह और बदगुमानी की राह से जो बाजी हम हार बैठे हैं, उसे हम प्रेम और मुहब्बत से वापस लाएँगे। हिन्दी कविता आज भी निराश नहीं है। वह हिन्दुओं और मुसलमानों को बाँधकर अलग रखनेवाली जंजीरों और भारत तथा पाकिस्तान को बाँटनेवाली दीवारों से ललकारकर कह रही है :

विश्वास बँधे, जंजीरों में यह जोर कहाँ?
रुक सके प्रेम, यह ताव कहाँ दीवारों में?
उस पार प्रेम की नदी लहर कर जागेगी,
हो टीस अगर सच्ची इस पार पुकारों में।

नेता नहीं, नागरिक चाहिए

सन् उन्नीस सौ बीस-इक्कीस के जमाने में एक विज्ञापन पढ़ा था : 'क्या आप स्वराज्य चाहते हैं? तो लेक्चर देना सीखिए।' इश्तहार छपवानेवाला कोई पुस्तक विक्रेता था जो इस विज्ञापन के जरिये अपनी किसी किताब की बिक्री बढ़ाना चाहता था और सम्भवतः किताब में नेताओं के भाषणों का ही संकलन भी था।

तब से इस देश में व्याख्यानों की ऐसी झड़ी रही है, जैसी झड़ी अब मेघों की भी नहीं लगती। पिछले तीस वर्षों से अपने देश में व्याख्यान लगातार बरसते रहे हैं और उनकी वृद्धि करनेवाले नेताओं की तादाद भी बेशुमार रही है। आजादी की लड़ाई के दिनों में देश के सामने ले-देकर एक सवाल था कि विदेशी शासन कैसे हटाया जाए। मगर यह सवाल जरा टेढ़ा पड़ता था क्योंकि हुकूमत से लड़ने का अर्थ अपनी जान और माल पर संकट को आमन्त्रित करना था। इसलिए जो लोग भी अपनी थोड़ी या

बहुत कुरबानी देने के लिए आगे आए, उन्हें जनता ने नेता कहकर पुकार दिया। जनता के पास और था ही क्या जिसे लेकर वह कुरबानी की इज्जत करती?

लेकिन आजादी के बाद जब देश के सारे काम नेताओं के हाथ में आ गए, तब उन्हें पता चला कि अभी तक इस देश ने नेता ही पैदा किए हैं, नागरिक नहीं। व्याख्यान सुनते-सुनते इस देश ने व्याख्यान देने की आदत डाल ली है। जहाँ तक व्याख्यान के मजमून पर अमल करने का सवाल है, वह परिपाटी स्वतन्त्रता के आगमन के साथ ही समाप्त हो गई। अब यहाँ के लोग कर्म को कम, वाणी को अधिक महत्त्व देते हैं। हर किसी की यही अभिलाषा है कि वह दूसरों को कुछ उपदेश दे, मगर खुद किसी भी उपदेश पर अमल करने को वह तैयार नहीं है। यों देश के नवनिर्माण के ज्यादा काम ठप्प पड़े हुए हैं; क्योंकि जो सचमुच देश के नेता हैं, वे काम करना नहीं जानते और जो काम करना जानते हैं, उन्हें हाथ-पाँव हिलाने की अपेक्षा जीभ की कैंची चलाने में ही अधिक आनन्द आता है। नेता बनने की धुन का यह पहला असर है जिसे हिन्दुस्तान आज बुरी तरह भोग रहा है।

फिर भी यह सच है कि देश के नेता, देश के शिक्षा विशेषज्ञ और बच्चों के माता-पिता सभी चाहते हैं कि स्कूलों, कॉलेजों में पढ़नेवाले हमारे सभी बच्चे और नौजवान किसी-न-किसी क्षेत्र में नेता बनने की तैयारी करें। लेकिन क्या किसी ने यह भी कभी सोचा है कि अगर सारा समाज नेता बनने की तैयारी में लग जाए तो नेताओं के पीछे चलनेवाले लोग कौन रह जाएँगे? और क्या नेताओं से भरा हुआ देश कोई अच्छा देश होता है?

कल्पना कीजिए कि देश का एक-एक आदमी जवाहरलाल हो गया, तो फिर यहाँ का एक-एक आदमी सोचेगा, योजना बनाएगा और बहस करेगा। लेकिन तब इन पैंतीस करोड़ जवाहरलालों को भोजन कौन देगा? उनके लिए कपड़े कौन बुनेगा? और मुश्किल तो यह है कि उनकी मोटरें कौन चलाएगा? जवाहरलाल बनने में और सब ठीक है; कठिनाई सिर्फ इतनी ही है कि जवाहरलाल कुदाल नहीं चला सकता, हथौड़े नहीं उठा सकता और ज्यादातर वह अपनी मोटर भी आप नहीं हाँकता है।

'बड़ों की बात सुनो, उनकी नकल मत करो'–यह कहावत किसी भारी अक्लमन्द ने कही होगी। लेकिन अब तो बड़ा और छोटा, यह भेद सुनते ही लोगों को गुस्सा आ जाता है। जिस जमाने का एक ही नारा हो कि सब लोग समान हैं, उस जमाने में एक या दस को बड़ा और बाकी को छोटा बताना तंगनजरी नहीं तो और क्या है? हर आदमी सिर्फ बराबरी के सिद्धान्त पर आगे बढ़ने को अधीर है। नतीजा यह है कि जो जहाँ है, वह वहीं कुढ़ रहा है। वह वहीं जल रहा है। हर एक को शिकायत है कि उसकी वाजिब जगह उसको नहीं मिली है। उसे जिस पद पर होना चाहिए, उस पर कोई और बैठ गया है जो निश्चित रूप से उससे छोटा और कमजोर है। अखबारों के सहायक सम्पादक अपने प्रधान सम्पादक से जल रहे हैं। मिल का छोटा मैनेजर बड़े मैनेजर के खिलाफ है। और राजनीतिक दलों के भीतर जो द्वेष का धुआँ छूट रहा है, उसका भी कारण यही है कि आगे के नेता को पीछे ढकेलकर कोई दूसरा आदमी उसकी जगह ले लेना चाहता है।

सब लोग आपस में बराबर हैं, इस बात का लोगों ने गलत अर्थ लिया है। इसका मामूली अर्थ यह है कि सबको विकास का समान अवसर मिलना चाहिए, यह नहीं कि अवसर की प्रतीक्षा किए बिना जो जहाँ चाहे, वहाँ इच्छामात्र से पहुँच जाए। अवसर कोई ऐसी चीज नहीं है जो रोटी-दाल की तरह सबके सामने परोसा जा सके। उसे पाने के लिए अपने गुणों का विकास करना होता है; तत्परता, मुस्तैदी और धीरता भी सीखनी होती है और उम्र तथा अनुभवों का भी इन्तजार करना पड़ता है। मगर नेतागीरी का चस्का लग जाने के कारण लोगों की इन्तजारी की लियाकत घट गई है और जिस जगह पर आदमी धीरे-धीरे और बड़ी कोशिशों के बाद पहुँचता है, उस जगह पर अब लोग छलाँग मारकर पहुँच जाना चाहते हैं।

मगर जो लोग छलाँग मारकर आगे बढ़ना चाहते हैं, उसका कारण क्या है? कुछ तो यह कि कभी-कभी दूसरों को उन्होंने छलाँगें मारकर आगे बढ़ते देखा है और अधिकतर यह कि वे काम करना नहीं; हुक्म चलाना चाहते हैं। वे मानते हैं कि जिन्दगी का असली मजा मेहनत करने में नहीं,

अपने मातहतों को हिदायत भेजने में है। वे इस बात को भूल जाते हैं कि हिदायत भेजने की योग्यता काम करने से ही आती है। और हिदायत भेजने का काम इतना आसान भी नहीं है कि उसे जो भी चाहे, पूरा कर दे। योजना बनाने और आदेश भेजने की सही जिम्मेदारी को वही निभा सकता है जो उन सभी कामों के अनुभव प्राप्त कर चुका है, जिनकी देख-रेख का भार अब उसे सौंपा गया है। इसलिए जो आदमी अनुभव के दौर से होकर गुजरने से इनकार करता है और मेहनत से भागकर आराम की जगह पर पहुँचने के लिए बेचैन है, उसकी यह बेचैनी ही इस बात का सबूत है कि वह अपने संगठन का अच्छा नेता नहीं बन सकता। जिसके चरित्र में धीरता नहीं, उससे बड़े दायित्व के योग्यतापूर्वक निर्वाह की आशा नहीं की जा सकती। चूँकि कुछ अधीर लोग भी संगठनों के नेता बन गए हैं, इससे अधीरता नेतृत्व का गुण नहीं बन जाती। उलटे इन तथाकथित नेताओं के आचरण से यही शिक्षा निकलती है कि जो समय से पूर्व नेता बन जाने को बेचैन है, उसे नेता की जगह पर कभी भी मत आने दो।

नेता का पद आराम की जगह है, इससे बढ़कर दूसरा भ्रम भी नहीं हो सकता। अंग्रेजी में एक कहावत है कि किरीट पहननेवाला मस्तक बराबर चक्कर में रहता है। तब जो आदमी मेहनत और धीरज से भागता है, उससे यह कैसे उम्मीद की जाए कि वह आठ पहर के इस चक्कर को बर्दाश्त करेगा और जिनमें धीरज नहीं, सबसे अधिक वे ही इस चक्कर को अपने माथे पर लेने को क्यों बेकरार हैं? दुनिया के सामने संगठनों से निकली हुई तैयार चीजें ही आती हैं, नेताओं के हस्ताक्षरों से भूषित कागज के पुर्जे नहीं। और कागज के इन निर्जीव पुर्जों को लेकर दुनिया करेगी भी क्या? लोग तो कपड़े पहनना चाहते हैं। उन्हें यह जानने की कब इच्छा है कि मिलों के पीछे हुक्म किसका काम करता है? हम अखबारों में लेख और संवाद पढ़ना चाहते हैं; जिस चीज पर कलम उठाने को सहायक सम्पादक बेचैन हैं, उस सम्पादकीय को तो कोई पूछता भी नहीं।

जो अपने काम को प्यार करता है, वह कभी भी नाखुश नहीं होता और न उसे यही रोग सताता है कि घड़ी-घड़ी मेरा अपमान हो रहा है। जहाँ तक ताकत और अधिकार का सवाल है, नेता चाहे कोई भी हो,

अधिकार बराबर उसकी मेज पर विराजता है जो मेहनती और ईमानदार है। सारी दुनिया मेहनती और ईमानदार व्यक्ति की खोज में है, क्योंकि हर नेता चाहता है कि वह अपनी थोड़ी-बहुत जिम्मेदारी किसी ईमानदार आदमी पर डाल दे। अधिकार भोगने का जो असली सुख है, वह नेताओं के नहीं, मेहनती सहायकों के हाथ में है। जो भी परिश्रमी और ईमानदार है, दफ्तर के अधिकार उसकी कुर्सी के इर्द-गिर्द घूमा करते हैं। और जब अधिकार भोगने का यह सीधा रास्ता मौजूद है, तब लोग नेता बनने के फेर में क्यों पड़ते हैं? यह भी है कि नेता कोई एक ही व्यक्ति हो सकता है, लेकिन ईमानदारी और मेहनत के जरिये बहुत से लोग अधिकार का स्वाद ले सकते हैं। इस प्रकार अधिकार भी विकेन्द्रित होता है और संगठन की भी तत्परता बढ़ती है।

एक तस्वीर यह है कि कारखाने के मैनेजर को अपदस्थ करके कई लोग उसकी कुर्सी पर अधिकार जमाना चाहते हैं। दूसरी तस्वीर यह है कि बहुत से कार्यकर्ता घोर परिश्रम करके अधिक-से-अधिक अधिकारों को अपने कब्जे में रखना चाहते हैं। अब यह चुनाव करना आसान हो जाता है कि देश की जनता और विश्व की मानवता का कल्याण किसमें है। उस तस्वीर में, जिसमें छल-छद्म और साजिश का बोलबाला है या उस तस्वीर में, जिसमें हर आदमी सचाई और परिश्रम के बल पर आदर और अधिकार पाना चाहता है?

नेतागीरी का लोभ एक दूसरी दृष्टि से भी मनुष्य को पतित बनाता है। जीवन की विशाल कर्मभूमि की ओर जरा नजर दौड़ाइए। सारा संसार नेतृत्व की अभिलाषा का शिकार हो रहा है। जो व्यापार में हैं, वे मुनाफाखोरी और चोरबाजारी करके धन में सबसे आगे निकल जाना चाहते हैं। जो नौकरी में हैं, वे अपने ऊपरवाले अफसर को ढकेलकर आगे आने को बेचैन हैं। और जो सामाजिक या राजनीतिक क्षेत्र में काम कर रहे हैं, वे भी ऊपर के नेताओं को हटाकर खुद उसकी जगह ले लेना चाहते हैं। भाषण, गर्जन, तिकड़म और छद्म, झूठे वायदों और धोखे की कसमों से सारा सार्वजनिक जीवन कोलाहलपूर्ण है। ये सब-के-सब नेतृत्व की अभिलाषा के दोष हैं। जब मनुष्य यह ठान लेता है कि अपने क्षेत्र में

मुझे सबसे आगे बढ़ना है, तब साध्य का आकर्षण उसके भीतर प्रबल हो उठता है और साधन की महत्ता गौण हो जाती है। साधन और नेतृत्व का लोभ साधन की महिमा को कम करता है, इसमें सन्देह नहीं।

अपनी रेखा को बड़ी करने के बदले, दूसरे की रेखा को छोटी बनाने का कुत्सित भाव भी नेतृत्व की आकांक्षा से जन्म लेता है और इस कोशिश में वे सभी लोग आसानी से लग जाते हैं, अपनी योग्यता के बारे में जिनकी भावना अतिरंजित होती है अथवा जो यह सोचकर जलते रहते हैं कि मैदान जिनके हाथ में है, असल में उन्हीं लोगों के चलते हमारी बढ़ती नहीं हो रही है।

आए दिन विद्वानों, चिन्तकों और नेताओं से हम यह सुनते ही रहते हैं कि समाज बहुत ही कुरूप हो गया है और इसके सुधार में अब विलम्ब नहीं किया जाना चाहिए। मगर दुनिया क्यों कुरूप है और उसे सुन्दर बनाने का सही तरीका क्या है? प्रतिद्वन्द्विता की भावना मनुष्य के स्वभाव में दाखिल है, क्योंकि यह हमारी जीवधारी-प्रवृत्ति से निकलती है। लेकिन पशुओं के समान मनुष्य में केवल जीने की ही प्रवृत्ति नहीं होती। दिमाग का मालिक होने के कारण वह सोच भी सकता है और हृदय तथा आत्मा रखने के कारण वह अपने विचार को निर्मल भी बना सकता है। क्या उसे इसका ज्ञान नहीं हो सकता कि केवल पशु-प्रवृत्ति को लेकर चलने से वह मानवता से दूर और पशुता के समीप पहुँच जाएगा? जो भी मनुष्य मानवीय आनन्द में वृद्धि करना चाहता है, उसे चाहिए कि वह, मनुष्य में जो गुण हैं, उनकी प्रशंसा में वृद्धि करे और जहाँ भी ईर्ष्या और द्वेष की लपटें उठ रही हैं, उन लपटों को नीचे लाए। व्यक्ति आगे बढ़ना चाहता है, यह न तो अस्वाभाविक है और न निन्दनीय ही। सिर्फ उसे यह देखते चलना है कि खुद को आगे बढ़ाने की कोशिश में कहीं वह उन मूल्यों को तो नहीं कुचल रहा है, जो एक मनुष्य के वैयक्तिक विकास से कई गुणा अधिक मूल्यवान हैं?

लोगों के भीतर दिन-रात नेतृत्व की आकांक्षा जगाते फिरना खतरनाक काम है। और नेता बनने की कोशिश में लगे रहने से हर आदमी नेता बन भी नहीं सकता। बात कड़वी हो या मीठी, लेकिन आदमी

वहीं तक जाता है जहाँ तक जाने की उसमें मौलिक शक्ति होती है। ऐसा भी हुआ है कि इस नियम को तोड़कर लोग नेता के पद पर जा पहुँचे हैं। लेकिन ऐसे अपवादों के नतीजे अच्छे नहीं हुए, क्योंकि या तो वे जल्दी लुढ़ककर नीचे आ गए अथवा उनका नेता बना रहना इनसानियत के लिए हानिकारक साबित हुआ है।

समाज का असली सुधार उसमें रहनेवाले व्यक्ति का सुधार है। व्यक्तियों के ही बुरे या भले होने से हम समाज को बुरा या भला कहते हैं। मुख्य बात यह नहीं है कि हम दूसरों को सुधरने का उपदेश दें, बल्कि यह कि सुधार की जो भी बातें हमारे मन में उठती हों, पहले हम उन्हें अपने चरित्र और स्वभाव पर लागू करें। समाज की सुन्दरता दो-चार नेताओं पर नहीं, बल्कि लाखों-लाख व्यक्तियों के सुधार पर निर्भर करती है।

और नेता होता कौन है? अक्सर वह मनुष्य जो उन मूल्यों को अपने चरित्र और व्यक्तित्व में व्यावहारिक रूप देता है जिन मूल्यों की समाज को जरूरत होती है। सभ्यता के मूल्य में परिवर्तन करनेवाले लोग पहले उन मूल्यों को स्वयं बरतते हैं। और जो ऐसा नहीं करते, उन्हें समाज का हार्दिक सम्मान भी प्राप्त नहीं होता है। इसलिए उचित यही है कि समाज की जिन कुरीतियों से हमारी नाराजी है, उन्हें सबसे पहले हम स्वयं छोड़ दें और जिन मूल्यों को हम समाज में लाना चाहते हैं, उन्हें भी अपने वैयक्तिक जीवन में सबसे पहले हमीं बरतना शुरू करें। समाज को योग्य नागरिकों की जरूरत है, नेताओं की नहीं।

भगवान बुद्ध

एक बार सर हरिसिंह गौड़ ने गांधी जी को यह परामर्श दिया था कि हिन्दू धर्म के उसी रूप का प्रचार किया जाना चाहिए, जिसका आख्यान बुद्धदेव ने किया है। इस परामर्श को मैं तनिक भी अस्वाभाविक नहीं मानता, क्योंकि बुद्धदेव प्रचलित धर्म के भंजक नहीं, सुधारक मात्र थे और जो सुधार उन्होंने करना चाहा, उसे अन्ततः हिन्दुओं ने स्वीकार भी कर लिया। यही नहीं, प्रत्युत् हिन्दू धर्म के आचार्य उनकी महिमा से इतने अभिभूत हुए कि कालक्रम में उन्होंने बुद्धदेव को अपना नेता और धर्मगुरु भी मान लिया।

निन्दसि यज्ञविधेरहह श्रुतिजातम्,
सदय-हृदय-दर्शित पशुघातम्,
केशव-धृत-बुद्ध-शरीर, जय जगदीश हरे।

बुद्धदेव हिन्दू धर्म के चौबीस नहीं, दस अवतारों में से एक हैं और इस प्रकार उस धर्म और संस्कृति की रचना में उनका अपरिमित योगदान है, जो हम सबको अतीत के उज्ज्वल उत्तराधिकार के रूप में प्राप्त हुई है।

बुद्धदेव का ऋण समस्त संसार पर है, सारी मनुष्य जाति पर है। एच.जी. वेल्स तथा और भी कई पाश्चात्य विद्वान खुलकर यह स्वीकार करते हैं कि विश्व की सभ्यता एवं संस्कृति की प्रगति और उत्थान में जितनी सहायता बौद्ध धर्म ने की, उतनी किसी और धर्म से नहीं बन सकी। संसार में शायद ही कोई धर्म हो, जो बौद्ध धर्म के प्रभाव से अछूता कहा जा सके। इस धर्म का उदय अत्यन्त प्राचीन काल में हुआ था और इसके बाद उठनेवाले सभी धर्मों ने इससे कोई-न-कोई तत्त्व अवश्य ग्रहण किया। भारत का कोमल-से-कोमल सन्देश बौद्ध धर्म की बाँहों पर चढ़कर विश्व भर में प्रसारित हुआ और सारे एशिया के भीतर एकता का जो तार आज भी अनुस्यूत मिलता है, वह इसी धर्म की रचना और प्रभाव है। किन्तु इससे भी बढ़कर हम भारतवासी बुद्धदेव के आगे एक विशेष कारण से ऋणी हैं। और वह कारण यह है कि जाति-प्रथा और अस्पृश्यता की विषमता को दूर करके सभी मनुष्यों को एक करने का आन्दोलन इस देश में सबसे पहले बुद्धदेव ने ही आरम्भ किया था।

हिन्दू धर्म के जिस कलंक के खिलाफ कबीर और नानक जूझे, दादू और नामदेव ने लोहा लिया, आलवार* संतों और वीर शैवों ने लड़ाई लड़ी एवं दयानन्द और गांधी ने संघर्ष किया, उस कलंक के विरुद्ध धर्म-युद्ध ठानने का पहला श्रेय भगवान बुद्ध को है और बुद्धदेव ने बृहत् मानवता के जिस आन्दोलन का आरम्भ किया था, वह आज भी चल रहा है। यह आश्चर्य की बात है कि जाग्रत ब्राह्मण धर्म के रौब में आकर बौद्धधर्म ने कितनी ही ऐसी बातों को फिर से स्वीकार कर लिया, जिन्हें वह अपने हीनयान युग में तिरस्करणीय और त्याज्य समझता था; किन्तु अस्पृश्यता और जाति-प्रथा के आगे उसने कभी भी अपना मस्तक झुकने नहीं दिया। यह बौद्ध मत की क्रान्तिप्रियता का सबसे बड़ा प्रमाण है और इसी के कारण वह आज भी हमारे प्रेम का अधिकारी बना हुआ है।

---

* दक्षिण भारत के वैष्णव संत और कवि।

बुद्धदेव के बाद भारत में कबीर, नानक, दादूदयाल, नामदेव, दयानन्द और महात्मा गांधी आदि जो भी क्रान्तिकारी संत जन्मे, उनकी उत्पत्ति के पीछे किसी-न-किसी रूप में बौद्ध महाक्रान्ति के संस्कार काम करते रहे हैं। बुद्धदेव के समय से भारत में दो विचारधाराएँ समानान्तर रूप से बहती रही हैं। एक तो वह, जो शास्त्रों का भय दिखाकर जाति-प्रथा और अस्पृश्यता को कायम रखना चाहती है और यह विश्वास करती है कि ब्राह्मण सदा ब्राह्मण, अन्त्यज सदा अन्त्यज और शूद्र सदा शूद्र हैं। और दूसरी वह जो शास्त्रों को प्रमाण नहीं मानती तथा जिसका यह आग्रह है कि मात्र वंश के कारण एक मनुष्य बड़ा और दूसरा छोटा नहीं हो जाता। श्रेष्ठता जन्म से नहीं, कर्म से मिलती है। इनमें से पहली विचारधारा वह है, जिसके विरुद्ध गौतम बुद्ध ने क्रान्ति का झंडा उठाया था। और दूसरी वह, जो स्वयं बुद्ध के कमंडल से निःसृत होकर हमारे पास आई है। पहली धारा के देवता ब्रह्मा, विष्णु और महेश हैं; किन्तु दूसरी धारा निरंजन और निराकार को अपना आराध्य मानती है। यह भी कि पहली धारा के संत शंकराचार्य और कवि तुलसीदास हैं तथा दूसरी धारा के संत महात्मा गांधी और कवि कबीर हैं।

बौद्धधर्म का ब्राह्मणों ने जो विरोध किया, वह इस कारण नहीं कि बौद्ध मत कोई नवीन दर्शन लेकर आया था, जो हिन्दुओं के दर्शन के विरुद्ध पड़ता था; बल्कि इस कारण कि वह जाति-प्रथा को तोड़कर मनुष्य मात्र को एक करना चाहता था और समाज में इस समानता की प्रतिष्ठा होने से ब्राह्मणों का पद खतरे में पड़ता था। बौद्धों का सबसे बड़ा अपराध यह था कि उन्होंने यज्ञों का विरोध किया, जिनसे ब्राह्मणों की रोजी चलती थी, तथा उन्होंने बार-बार यह घोषणा की कि जन्म से सभी मनुष्य समान हैं, श्रेष्ठता सबको कर्म से मिलती है। अतएव ब्राह्मण वंश में भी जन्मा हुआ अपकर्मी मनुष्य निन्दा का पात्र है तथा चांडाल वंश में जन्मा हुआ मनुष्य अगर सत्कर्म करता है, तो उसकी भी पूजा होनी चाहिए।

एक तरह से देखिए तो यह भी कोई नई बात नहीं थी, क्योंकि संकेत-रूप में ये सारे उपदेश उपनिषदों में भी उतर चुके थे और बहुधा, सिद्धान्त रूप में इन बातों को ब्राह्मण भी मानते थे; किन्तु उपनिषत्कारों

पर ब्राह्मणों का कोप नहीं हुआ, इसका मूल कारण यह है कि सत्ताएँ बकनेवालों से नहीं, काम करनेवालों से भय खाती है। उपनिषदें केवल बोलकर रह गईं, इसलिए ब्राह्मण उनसे नहीं चिढ़े। बुद्धदेव बोलने को नहीं, काम करने को आए थे, इसलिए ब्राह्मण बौद्धों को अपना कोपभाजन मानने लगे। किन्तु यह कोप ब्राह्मणों को बौद्धधर्म से प्रभावित होने से नहीं बचा सका और वे बौद्ध मत से लड़ते-लड़ते धीरे-धीरे स्वयं कुछ-कुछ बौद्ध होते चले गए।

बुद्धदेव कोई नया धर्म लेकर नहीं आए थे। उन्होंने हिन्दू धर्म के ही एक प्रकार के बौद्धीकृत रूप को फैलाना चाहा और वे इस कार्य में कृतकार्य भी हुए, क्योंकि आज का प्रत्येक हिन्दू थोड़ा-थोड़ा बौद्ध भी है। बौद्धधर्म की सबसे बड़ी प्रशंसा यह है कि जिस शंकराचार्य को यह श्रेय दिया जाता है कि उन्होंने भारत से बौद्धधर्म की जड़ उखाड़ फेंकी, स्वयं उन्हें ही यहाँ के लोग 'प्रच्छन्न बौद्ध' कहते थे; अर्थात् बौद्ध मत को पराजित करने के लिए अन्ततोगत्वा ब्राह्मण-धर्म ने उन्हीं शस्त्रों का आश्रय लिया, जो उसे बुद्धदेव से प्राप्त हुए थे। ब्राह्मण-धर्म ने बौद्धधर्म को पराजित तो किया; किन्तु उसे पराजित करने के पूर्व एक सीमा तक वह स्वयं बौद्ध हो गया। किसी ने ठीक ही कहा है कि बौद्ध मत भारत में मरा नहीं, वह अपने पिता के आलिंगन में विलीन हो गया।

किन्तु इतना होने पर भी दो-तीन बातें ऐसी हैं, जिनके कारण लोगों को शंका होती रहती है कि हो-न-हो, बुद्धदेव हिन्दुत्व के प्रचंड विरोधी रहे होंगे, क्योंकि उन्होंने आत्मा को नहीं माना, ईश्वर के विषय में वे मौन रह गए और वेदों की भी उन्होंने निन्दा की। यहाँ यह ध्यान रखना चाहिए कि बुद्धदेव के समय में भी आत्मा के विषय में दो प्रकार के मत प्रचलित थे : एक तो यह कि आत्मा शरीर में बसनेवाली, किन्तु उससे भिन्न शक्ति है, जिसके रहने से शरीर जीवित रहता है और जिसके चले जाने से वह शव हो जाता है। दूसरा मत यह था कि शरीर में ही रसों के योग से आत्मा नामक शक्ति उत्पन्न होती है, जो शरीर को जीवित रखती है। रसों में कमी-बेशी होने से उस शक्ति का लोप हो जाता है, जिससे शरीर जीवित नहीं रह जाता। बुद्धदेव ने अन्यत्र की भाँति यहाँ भी बीच की राह

पकड़ी और यह कहा कि आत्मा असल में स्कन्धों और मन के योग से उत्पन्न एक शक्ति है, जो अन्य बाह्य भूतों की भाँति क्षण-क्षण उत्पन्न और विलीन होती रहती है। हमारे सामने जो नदी बहती है, उसका जल हमें बराबर एक-सा दिखलाई पड़ता है; किन्तु सत्य यह है कि जल बराबर आगे निकलता जा रहा है और उसकी जगह पर नया जल आता जा रहा है। नदी के प्रवाह के समान ही, हमारे भीतर आत्मा या चित्त का प्रवाह है, जिसके जारी रहने से शरीर जीवित कहा जाता है। लेकिन शरीर के विनाश के साथ ही चित्त-प्रवाह का विनाश नहीं होता। वह संस्कारों का बोझ लिये हुए एक नये शरीर में प्रवेश करता है।

कहनेवाले चाहें तो इस निरूपण को अनात्मा का निरूपण कह सकते हैं; किन्तु हम हिन्दू यह मानते हैं कि भिन्न भाषा में यह भी आत्मा का ही निरूपण है। सच तो यह है कि पुनर्जन्म में विश्वास करनेवाले बुद्धदेव के विषय में यह कल्पना ही कैसे की जा सकती है कि वे आत्मा के अस्तित्व से इनकार करते होंगे? यदि आत्मा का अस्तित्व नहीं, तो फिर पुनर्जन्म में विश्वास करने की आवश्यकता ही कहाँ रह जाती है?

अगर वेदों की निन्दा की बात को लें, तो वह भी महावीर और बुद्ध के आविर्भाव के पहले ही शुरू हो गई थी। जो औपनिषदिक ऋषि वेद के कर्मकांड को अयथेष्ट या गलत मानकर उपनिषदों में एक नये गम्भीर धर्म की खोज कर रहे थे, वेद की निन्दा, असल में उन्हीं के उद्गारों से आरम्भ हुई। वेदों का कर्मकांड धीरे-धीरे भोगवादी सभ्यता का दर्शन हो गया था और उपनिषदों के ऋषि जब समाज को भोगवाद से ऊपर उठाने की कोशिश करने लगे, तब वेदों की थोड़ी-बहुत आलोचना करना उनके लिए अनिवार्य हो गया। मुंडकोपनिषद् और कठोपनिषद् में वेद की निन्दा के प्रमाण मिलते हैं। स्वयं गीता में जब भगवान अर्जुन से यह कहते हैं कि 'त्रैगुण्यविषया वेदा निस्त्रैगुण्यो भवार्जुन!' तब उससे भी वेद की मंद अवहेलना ही ध्वनित होती है। जिस समय बुद्धदेव जन्मे, उस समय समाज में ब्राह्मणों की कैसी आलोचना चल रही थी, इसका उल्लेख केवल बौद्ध ग्रन्थों में ही नहीं, उपनिषदों में भी मिलता है। वेदों और ब्राह्मणों के विरुद्ध आलोचकों की प्रतिक्रिया बुद्धदेव में निर्भीक होकर प्रकट हुई। फर्क सिर्फ

यह रहा कि जहाँ पहले के आलोचक केवल बोलकर रह जाते थे, वहाँ बुद्धदेव ने ऐसा सम्प्रदाय खड़ा कर दिया, जो कार्यतः वेदों और ब्राह्मणों का विरोध करनेवाला था।

बुद्धदेव ने अपने जीवन भर में ईश्वर की सत्ता में विश्वास करने का उपदेश किसी को नहीं दिया, इस प्रमाण से भी वे अहिन्दू नहीं हो जाते; क्योंकि हिन्दू-दर्शन की अनेक शाखाएँ ईश्वर में विश्वास नहीं करतीं और कुछ ऐसी भी हैं, जो ईश्वर को तटस्थ मानती हैं अर्थात् वे ऐसे ईश्वर में विश्वास करती हैं, जिसने सृष्टि नहीं बनाई, जो प्रकृति के क्रिया-कलाप में हस्तक्षेप नहीं करता और न जिसके कान मनुष्यों की प्रार्थना सुनने को ही खुले रहते हैं। ऐसे दार्शनिकों की अपेक्षा बुद्धदेव कुछ बहुत अधिक नास्तिक नहीं रहे होंगे। सच तो यह है कि वे मनुष्य की सारी शक्ति को कर्म पर केन्द्रित करना चाहते थे। उन्हें यह बात पसन्द नहीं थी कि मनुष्य उन प्रश्नों के चिन्तन में पड़कर अपनी शक्ति और समय का अपव्यय करे, जिनके विषय में कोई बात पूरी निश्चितता के साथ जानी नहीं जा सकती। ईश्वर है या नहीं, संसार नित्य है या अनित्य, जीव और शरीर एक हैं या दो, जीव मरने के बाद रहता है या नहीं, जन्म के पहले जीव कहाँ था और मृत्यु के बाद वह कहाँ जाएगा—इन सारे प्रश्नों को उन्होंने 'अव्याकृत' कोटि में रख छोड़ा था। मज्झिमनिकाय के चूल-मालुंक्य-सुत्तंत में लिखा है कि मालुंक्यपुत्त नामक एक भक्त ने तथागत से यह पूछा कि 'जगत् नित्य है या अनित्य? जीव और शरीर एक हैं या दो? मरने के बाद बुद्ध रहते हैं या नहीं?' प्रश्न के साथ उस भक्त ने यह भी कहा कि 'भगवान यदि इन प्रश्नों के उत्तर नहीं देंगे तो मैं ब्रह्मचर्यवास नहीं करूँगा (अर्थात् संघ में रहकर धर्म की साधना नहीं करूँगा)।'

बुद्धदेव ने कहा, 'मालुंक्यपुत्त! कब मैंने तुमसे कहा था कि मैं तुम्हें ऐसे प्रश्नों के उत्तर दूँगा? तुम्हारा यह प्रश्न तो उस व्यक्ति के प्रश्नों के समान बेकार है जिसके कलेजे में जहर बुझा हुआ बाण घुस गया हो, जिसके हित-मित्र बाण निकालने के लिए सुयोग्य वैद्य को ले आए हों, मगर जो यह कह रहा हो कि मैं बाण तब तक नहीं निकलवाऊँगा जब तक कि मुझे यह मालूम नहीं हो जाए कि बाण चलानेवाला व्यक्ति गोरा

है या काला, लम्बा है या नाटा, उसके नाम और गोत्र क्या हैं, उसके धनुष की डोरी मूँज की है या ताँत की तथा उसके बाणों के पंख बाज के हैं या गिद्ध के। मालुंक्यपुत्त! चाहे लोक नित्य है, यह दृष्टि रहे; चाहे लोक अनित्य है, यह दृष्टि रहे; दोनों ही हालतों में जन्म है ही, जरा है ही, मरण है ही; शोक, रोना-काँदना, दुख-दौर्मनस्य और परेशानी हैं ही जिनके इसी जन्म में विघात (शमन के उपाय) को मैं बतलाता हूँ।'

बुद्धदेव उन प्रश्नों को अव्याकृत कहते थे, जिनके विषय में कोई बात निश्चयपूर्वक न तो जानी जा सकती है, न कही जा सकती है। अतएव ऐसे प्रश्नों का पूछा जाना ही उन्होंने बन्द कर दिया था। पोट्ठपाद के यह पूछने पर कि 'किसलिए भगवान ने इसे अव्याकृत कहा है?' तथागत ने बतलाया, 'इसलिए कि वे प्रश्न न तो अर्थयुक्त हैं, न धर्मयुक्त; न ब्रह्मचर्य के उपयुक्त, न निर्वेद के लिए; न विरोध के लिए।' अर्थात् इन प्रश्नों के विवेचन में पड़ने से मनुष्य को कुछ भी प्राप्त होनेवाला नहीं है।

मेरा अनुमान है कि अगर किसी ने बुद्धदेव से यह पूछा होता कि 'ईश्वर है या नहीं?' तो शायद वे यह कहते कि 'तुझे प्रश्न करना नहीं आया। तू यह पूछ कि तू है या नहीं। क्योंकि अगर ईश्वर है, तब भी मनुष्य के अच्छे कर्मों का फल अच्छा और बुरे कर्मों का फल बुरा होगा, और अगर ईश्वर नहीं है, तब भी मनुष्य के अच्छे कर्मों का फल अच्छा और बुरे कर्मों का फल बुरा होगा। तब ईश्वर की बात कहाँ से आती है? सोचने योग्य बात तो यह है कि अच्छे और बुरे कर्म क्या हैं?' और इन्हीं अच्छे और बुरे कर्मों की पहचान करने के लिए तथागत ने विश्व को एक नूतन धर्म-ज्योति प्रदान की।

संस्कृति है क्या?

संस्कृति ऐसी चीज है जिसे लक्षणों से तो हम जान सकते हैं, किन्तु उसकी परिभाषा नहीं दे सकते। कुछ अंशों में वह सभ्यता से भिन्न गुण है। अंग्रेजी में कहावत है कि सभ्यता वह चीज है जो हमारे पास है, संस्कृति वह गुण है जो हममें व्याप्त है। मोटर, महल, सड़क, हवाई जहाज, पोशाक और अच्छा भोजन–ये तथा इनके समान सारी अन्य स्थूल वस्तुएँ संस्कृति नहीं, सभ्यता के सामान हैं। मगर पोशाक पहनने और भोजन करने में जो कला है, वह संस्कृति की चीज है। इसी प्रकार मोटर बनाने और उसका उपयोग करने, महलों के निर्माण में रुचि का परिचय देने और सड़कों तथा हवाई जहाजों की रचना में जो ज्ञान लगता है, उसे अर्जित करने में संस्कृति अपने को व्यक्त करती है। हर सुसभ्य आदमी सुसंस्कृत ही होता है, ऐसा नहीं कहा जा सकता; क्योंकि अच्छी पोशाक पहननेवाला आदमी भी तबीयत से नंगा हो सकता है और तबीयत से नंगा होना संस्कृति के

खिलाफ बात है। और यह भी नहीं कहा जा सकता कि हर सुसंस्कृत आदमी सभ्य भी होता है, क्योंकि सभ्यता की पहचान सुख-सुविधा और ठाठ-बाट हैं। मगर बहुत से ऐसे लोग हैं जो सड़े-गले झोंपड़ों में रहते हैं, जिनके पास काफी कपड़े भी नहीं होते और न कपड़े पहनने के अच्छे ढंग ही उन्हें मालूम होते हैं, लेकिन फिर भी उनमें विनय और सदाचार होता है, वे दूसरों के दुख से दुखी होते हैं तथा दूसरों का दुख दूर करने के लिए वे खुद मुसीबत उठाने को भी तैयार रहते हैं।

छोटा नागपुर की आदिवासी जनता पूर्ण रूप से सभ्य तो नहीं कही जा सकती; क्योंकि सभ्यता के बड़े-बड़े उपकरण उसके पास नहीं हैं, लेकिन, दया-माया, सचाई और सदाचार उसमें कम नहीं हैं। अतएव उसे सुसंस्कृत समझने में कोई उज्र नहीं होना चाहिए। प्राचीन भारत में ऋषिगण जंगलों में रहते थे और जंगलों में वे कोठे और महल बनाकर नहीं रहते थे। फूस की झोपड़ियों में वास करना, जंगल के जीवों से दोस्ती और प्यार करना, किसी भी मोटे काम को अपने हाथ से करने में हिचकिचाहट नहीं दिखाना, पत्तों में खाना और मिट्‌टी के बर्तनों में रसोई पकाना—यही उनकी जिन्दगी थी। और ये लक्षण आज की यूरोपीय परिभाषा के अनुसार सभ्यता के लक्षण नहीं माने जाते हैं। फिर भी वे ऋषिगण सुसंस्कृत ही नहीं थे, बल्कि वे हमारी जाति की संस्कृति का निर्माण करते थे। सभ्यता और संस्कृति में यह एक मौलिक भेद है जिसे समझे बिना हमें कहीं-कहीं कठिनाई का सामना करना पड़ सकता है।

मगर यह कठिनाई कहीं-कहीं ही आती है। साधारण नियम यही है कि संस्कृति और सभ्यता की प्रगति अधिकतर एक साथ होती है और दोनों का एक-दूसरे पर प्रभाव भी पड़ता रहता है। उदाहरण के लिए, हम जब कोई घर बनाने लगते हैं, तब स्थूल रूप से यह सभ्यता का कार्य होता है। मगर हम घर का कौन-सा नक्शा पसन्द करते हैं, इसका निर्णय हमारी सांस्कृतिक रुचि करती है और संस्कृति की प्रेरणा से हम जैसा घर बनाते हैं, वह फिर हमारी सभ्यता का अंग बन जाता है। इस प्रकार सभ्यता का संस्कृति पर और संस्कृति का सभ्यता पर पड़नेवाले प्रभाव का क्रम निरन्तर चलता ही रहता है।

यहीं एक यह बात भी समझ लेनी चाहिए कि संस्कृति और प्रकृति में भी भेद है। गुस्सा करना मनुष्य की प्रकृति है, लोभ में पड़ना उसका स्वभाव है; ईर्ष्या, मोह, राग, द्वेष और काम-वासना—ये सब-के-सब प्रकृतिदत्त गुण हैं। मगर प्रकृति के ये गुण अगर बेरोक छोड़ दिए जाएँ तो आदमी और जानवर में कोई भेद नहीं रह जाए। इसलिए मनुष्य प्रकृति के इन आवेगों पर रोक लगाता है और कोशिश करता है कि वह गुस्से के बस में नहीं, बल्कि गुस्सा ही उसके बस में रहे; वह लोभ, मोह, ईर्ष्या, द्वेष और काम-वासना का गुलाम नहीं, बल्कि ये दुर्गुण ही उसके गुलाम रहें और इन दुर्गुणों पर आदमी जितना विजयी होता है, उसकी संस्कृति भी उतनी ही ऊँची समझी जाती है।

निष्कर्ष यह कि संस्कृत सभ्यता की अपेक्षा महीन चीज होती है। यह सभ्यता के भीतर उसी तरह व्याप्त रहती है, जैसे दूध में मक्खन या फूलों में सुगन्ध। और सभ्यता की अपेक्षा यह टिकाऊ भी अधिक है, क्योंकि सभ्यता की सामग्रियाँ टूट-फूटकर विनष्ट हो सकती हैं, लेकिन संस्कृति का विनाश उतनी आसानी से नहीं किया जा सकता।

एक बात और है कि सभ्यता के उपकरण जल्दी से बटोरे भी जा सकते हैं, मगर उनके उपयोग के लिए जो उपयुक्त संस्कृति चाहिए, वह तुरन्त नहीं आ सकती। जो आदमी अचानक धनी हो जाता है या यक-ब-यक किसी ऊँचे पद पर पहुँच जाता है, उसे चिढ़ाने के लिए अंग्रेजी में एक शब्द 'अपस्टार्ट' है। 'अपस्टार्ट' को लोग बुरा समझते हैं और इसलिए बुरा नहीं समझते हैं कि अचानक धनी हो जाना या यक-ब-यक ऊँचे पद पर पहुँच जाना कोई बुरी बात है, मगर इसलिए कि धनियों तथा ऊँचे ओहदेवालों की जो संस्कृति है, वह तुरन्त सीखी नहीं जा सकती। इसलिए ऊँचे ओहदे पर पहुँचा हुआ व्यक्ति यदि पहले से अधिक विनयशील नहीं हो जाए तो वह चिढ़ाने लायक हो जाता है।

संस्कृति ऐसी चीज नहीं कि जिसकी रचना दस-बीस या सौ-पचास वर्षों में की जा सकती हो। अनेक शताब्दियों तक एक समाज के लोग जिस तरह खाते-पीते, रहते-सहते, पढ़ते-लिखते, सोचते-समझते और राज-काज चलाते अथवा धर्म-कर्म करते हैं, उन सभी कार्यों से उनकी

संस्कृति उत्पन्न होती है। हम जो कुछ भी करते हैं, उसमें हमारी संस्कृति की झलक होती है; यहाँ तक कि हमारे उठने-बैठने, पहनने-ओढ़ने, घूमने-फिरने और रोने-हँसने में भी हमारी संस्कृति की पहचान हंाती है, यद्यपि हमारा कोई भी एक काम हमारी संस्कृति का पर्याय नहीं बन सकता। असल में संस्कृति जिन्दगी का एक तरीका है और यह तरीका सदियों से जमा होकर उस समाज में छाया रहता है जिसमें हम जन्म लेते हैं। इसलिए जिस समाज में हम पैदा हुए हैं अथवा जिस समाज से मिलकर हम जी रहे हैं, उसकी संस्कृति हमारी संस्कृति है, यद्यपि अपने जीवन में हम जो संस्कार जमा करते हैं, वह भी हमारी संस्कृति का अंग बन जाता है और मरने के बाद हम अन्य वस्तुओं के साथ अपनी संस्कृति की विरासत भी अपनी संतानों के लिए छोड़ जाते हैं। इसलिए संस्कृति वह चीज मानी जाती है, जो हमारे सारे जीवन को व्यापे हुए है तथा जिसकी रचना और विकास में अनेक सदियों के अनुभवों का हाथ है। यही नहीं, बल्कि संस्कृति हमारा पीछा जन्म-जन्मान्तर तक करती है। अपने यहाँ एक साधारण कहावत है कि जिसका जैसा संस्कार है, उसका वैसा ही पुनर्जन्म भी होता है। जब हम किसी बालक या बालिका को बहुत तेज पाते हैं तब हम अचानक कह उठते हैं कि यह पूर्वजन्म का संस्कार है। संस्कार या संस्कृति असल में शरीर का नहीं, आत्मा का गुण है और जबकि सभ्यता की सामग्रियों से हमारा सम्बन्ध शरीर के साथ ही छूट जाता है, तब भी हमारी संस्कृति का प्रभाव हमारी आत्मा के साथ जन्म-जन्मान्तर तक चलता रहता है।

आदिकाल से हमारे लिए जो लोग काव्य और दर्शन रचते आए हैं, चित्र और मूर्ति बनाते आए हैं, वे हमारी संस्कृति के रचयिता हैं। आदिकाल से हम जिस-जिस रूप में शासन चलाते आए हैं, पूजा करते आए हैं, मन्दिर और मकान बनाते आए हैं, नाटक और अभिनय करते आए हैं, बरतन और घर के दूसरे सामान बनाते आए हैं, कपड़े और जेवर पहनते आए हैं, शादी और श्राद्ध करते आए हैं, पर्व और त्योहार मनाते आए हैं अथवा परिवार, पड़ोसी और संसार से दोस्ती या दुश्मनी का जो भी सलूक करते आए हैं, वह सब-का-सब हमारी संस्कृति का ही अंश है।

संस्कृति के उपकरण हमारे पुस्तकालय और संग्रहालय (म्यूजियम), नाटकशाला और सिनेमागृह ही नहीं, बल्कि हमारे राजनीतिक और आर्थिक संगठन भी होते हैं, क्योंकि उन पर भी हमारी रुचि और चरित्र की छाप लगी होती है।

संस्कृति का स्वभाव है कि वह आदान-प्रदान से बढ़ती है। जब भी दो देश वाणिज्य-व्यापार अथवा शत्रुता या मित्रता के कारण आपस में मिलते हैं, तब उनकी संस्कृतियाँ एक-दूसरे को प्रभावित करने लगती हैं, ठीक उसी प्रकार, जैसे दो व्यक्तियों की संगति का प्रभाव दोनों पर पड़ता है। संसार में शायद ही ऐसा कोई देश हो जो यह दावा कर सके कि उस पर किसी अन्य देश की संस्कृति का प्रभाव नहीं पड़ा है। इस प्रकार कोई जाति भी यह नहीं कह सकती कि उस पर किसी दूसरी जाति का प्रभाव नहीं है।

जो जाति केवल देना ही जानती है, लेना कुछ नहीं, उसकी संस्कृति का एक-न-एक दिन दिवाला निकल जाता है। इसके विपरीत जिस जलाशय के पानी लानेवाले दरवाजे बराबर खुले रहते हैं, उसकी संस्कृति कभी नहीं सूखती। उसमें सदा ही स्वच्छ जल लहराता रहता है और कमल के फूल खिलते रहते हैं। कूपमंडूकता और दुनिया से रूठकर अलग बैठने का भाव संस्कृति को ले डूबता है। अक्सर देखा जाता है कि जब हम एक भाषा में किसी अद्भुत कला को विकसित होते देखते हैं, तब तुरन्त पास-पड़ोस या सम्पर्कवाली दूसरी भाषा में हम उसके उत्स की खोज करने लगते हैं। पहले एक भाषा में 'शेली' और 'कीट्स' पैदा होते हैं, तब दूसरी भाषा में 'रवीन्द्र' उत्पन्न होते हैं। पहले एक देश में बुद्ध पैदा होते हैं, तब दूसरे देश में ईसा मसीह का जन्म होता है। अगर मुसलमान इस देश में नहीं आए होते तो उर्दू भाषा का जन्म नहीं होता और न मुगल-कलम की चित्रकारी ही यहाँ पैदा हुई होती। अगर यूरोप से भारत का सम्पर्क नहीं हुआ होता तो भारत की विचारधारा पर विज्ञान का प्रभाव देर से पड़ता और राममोहन राय, दयानन्द, रामकृष्ण परमहंस, विवेकानन्द और गांधी में से कोई भी सुधारक उस समय जन्म नहीं लेते जिस समय उनका जन्म हुआ। जब भी दो जातियाँ मिलती हैं, उनके सम्पर्क या संघर्ष से जिन्दगी

की एक नई धारा फूट निकलती है जिसका प्रभाव दोनों पर पड़ता है। आदान-प्रदान की प्रक्रिया संस्कृति की जान है और इसी के सहारे वह अपने को जिन्दा रखती है।

केवल चित्र, कविता, मूर्ति, मकान और पोशाक पर ही नहीं, सांस्कृतिक सम्पर्क का प्रभाव दर्शन और विचार पर भी पड़ता है। एक देश में जो दार्शनिक और महात्मा उत्पन्न होते हैं, उनकी आवाज दूसरे देशों में भी मिलते-जुलते दार्शनिकों और महात्माओं को जन्म देती है। एक देश में जो धर्म खड़ा होता है, वह दूसरे देशों के धर्मों को भी बहुत कुछ बदल देता है। यही नहीं, बल्कि प्राचीन जगत में तो बहुत से ऐसे देवी-देवता भी मिलते हैं जो कई जातियों के संस्कारों से निकलकर एक जगह जमा हुए हैं। एक जाति का धार्मिक रिवाज दूसरी जाति का रिवाज बन जाता है और एक देश की आदत दूसरे देश के लोगों की आदत में समा जाती है। अतएव सांस्कृतिक दृष्टि से वह देश और वह जाति अधिक शक्तिशालिनी और महान समझी जानी चाहिए जिसने विश्व के अधिक-से-अधिक देशों, अधिक-से-अधिक जातियों की संस्कृतियों को अपने भीतर जज्ब करके, उन्हें पचा करके, बड़े-से-बड़े समन्वय को उत्पन्न किया है। भारत देश और भारतीय जाति इस दृष्टि से संसार में सबसे महान हैं क्योंकि यहाँ की सामासिक संस्कृति में अधिक-से-अधिक जातियों की संस्कृतियाँ पची हुई हैं।

भारत एक है

अक्सर कहा जाता है कि भारतवर्ष की एकता उसकी विविधताओं में छिपी हुई है और यह बात जरा भी गलत नहीं है; क्योंकि अपने देश की एकता जितनी प्रकट है, उसकी विविधताएँ भी उतनी ही प्रत्यक्ष हैं।

भारतवर्ष के नक्शे को ध्यान से देखने पर यह साफ दिखाई पड़ता है कि इस देश के तीन भाग प्राकृतिक दृष्टि से बिलकुल स्पष्ट हैं। सबसे पहले तो भारत का उत्तरी भाग है जो लगभग हिमालय के दक्षिण से लेकर विन्ध्याचल के उत्तर तक फैला हुआ है। उसके बाद विन्ध्य से लेकर कृष्णा नदी के उत्तर तक का वह भाग है जिसे हम 'दक्खिन प्लेटो' कहते हैं। इस प्लेटो के दक्षिण, कृष्णा नदी से लेकर कुमारी अन्तरीप तक का जो भाग है वह प्रायद्वीप जैसा है। अचरज की बात है कि प्रकृति ने भारत के जो ये तीन खंड किए हैं, वे ही खंड भारतवर्ष के इतिहास के भी तीन क्रीडास्थल रहे हैं। पुराने समय में उत्तर भारत में जो राज्य कायम किए

गए, उनमें से अधिकांश विन्ध्य की उत्तरी सीमा तक ही फैलकर रह गए; विन्ध्य को लाँघकर उत्तर भारत को दक्षिण भारत से मिलाने की कोशिशें तो बहुत की गईं, मगर इस काम में कामयाबी किसी-किसी को ही मिली। कहते हैं, पहले-पहल अगस्त्य ऋषि ने विन्ध्याचल को पार करके दक्षिण के लोगों को अपना सन्देश सुनाया था। फिर भगवान श्री रामचन्द्र ने लंका पर चढ़ाई करने के सिलसिले में विन्ध्याचल को पार किया। महाभारत के जमाने में उत्तरी और दक्षिणी भारत के अंश एक राज्य के अधीन थे या नहीं, इसका कोई पक्का सबूत नहीं मिलता। लेकिन रामचन्द्र जी ने उत्तरी और दक्षिणी भारत के बीच जो एकता स्थापित की, वह महाभारत-काल में भी कायम थी और दोनों भागों के लोग आपस में मिलते-जुलते रहते थे।

महाराज युधिष्ठिर के राजसूय यज्ञ में दक्षिण के राजे भी आए थे और कुरुक्षेत्र के मैदान में जो महायुद्ध हुआ था, उसमें भी दक्षिण के वीरों ने हिस्सा लिया था, इसका प्रमाण महाभारत में ही मौजूद है। इसी तरह चन्द्रगुप्त, अशोक, विक्रमादित्य और उनके बाद मुगलों ने इस बात के लिए बड़ी कोशिश की कि किसी तरह सारा देश एक शासन के अधीन लाया जा सके और उन्हें इस कार्य में सफलता भी मिली। लेकिन भारत के इतिहास की एक शिक्षा यह भी है कि इस देश को एक रखने के काम में यहाँ के राजाओं को जो भी सफलता मिली, वह ज्यादा टिकाऊ नहीं हो सकी। इस देश के प्राकृतिक ढाँचे में ही कोई ऐसी बात थी, जो सारे देश को एक रहने देने के खिलाफ पड़ती थी। यही कारण था कि जब भी कोई बलवान और दूरदर्शी राजा इस काम में लगा, सफलता थोड़ी-बहुत उसे जरूर मिली। लेकिन स्वार्थी, अदूरदर्शी और कमजोर राजाओं के आते ही देश की एकता टूट गई। और जो कठिनाई विन्ध्य के उत्तर को विन्ध्य के दक्षिण से मिलाने में हुई, वही कठिनाई कृष्णा नदी से उत्तर के भाग को उसके दक्षिण के भाग से मिलाकर एक रखने में होती रही।

इस देश में वैर-फूट का यह भाव इतना प्रबल क्यों रहा, इसके भी कारण हैं। बड़ी-बड़ी नदियों और बड़े-बड़े पहाड़ों के गुण अनेक हैं, लेकिन उनमें एक अवगुण भी होता है कि वे जहाँ रहते हैं, वहाँ देश के

भीतर अलग-अलग क्षेत्र बना देते हैं और इन क्षेत्रों में रहनेवाले लोगों के भीतर एक तरह की प्रान्तीयता या क्षेत्रीय जोश पैदा हो जाता है। पहाड़ों और नदियों ने भारत को भीतर से काटकर उसके अनेक क्षेत्र बना दिये और संयोग की बात कि कई क्षेत्रों में ऐसी जनता का जमघट हो गया जो कई एक क्षेत्रीय भाषा बोलनेवाली थी। इसके सिवा, यह देश है भी बहुत विशाल। इसके उत्तरी छोर पर काश्मीर पड़ता है जिसकी जलवायु लगभग मध्य एशिया की जलवायु के समान है। इसके विपरीत भारत के दक्षिणी छोर पर कुमारी अन्तरीप है जहाँ के घरों की रचना और लोगों के रंग-रूप आदि में श्रीलंका या सीलोन का नमूना शुरू हो जाता है। चेरापूंजी भी इसी देश में है जहाँ साल में पाँच सौ इंच से अधिक वर्षा होती है और थार की मरुभूमि यहीं है जहाँ वर्षा होती ही नहीं अथवा नाममात्र को होती है।

धरती की रूप-रेखा और जलवायु का प्रभाव उस पर बसनेवाले लोगों के शरीर और मस्तिष्क—दोनों पर पड़ता है। पहाड़ और रेगिस्तान की जिन्दगी जरा मुश्किल होती है। यही कारण है कि उनमें बसनेवाले लोग आजाद तबीयत के होते हैं, क्योंकि प्रकृति की कठिनाइयों को झेलते-झेलते उनका शरीर कड़ा और मन साहसी एवं निर्भीक हो जाता है। भारतीय इतिहास में राजपूतों और मराठों की वीरता जो इतनी प्रसिद्ध हुई, उसका एक कारण यह भी है कि बचपन से ही मराठों को पहाड़ी तथा राजपूतों को पहाड़ी और रेगिस्तानी, दोनों ही प्रकार के जीवन से संघर्ष करने का मौका हासिल था। इसके विपरीत नदियों के पठारों में रहनेवाले लोग किसान-तबीयत के हो जाते हैं; क्योंकि पठार की जमीन उपजाऊ होती है और वहाँ रहनेवालों को जीने के लिए ज्यादा मेहनत करने की जरूरत नहीं होती। यही कारण है कि बंगाल, बिहार और उत्तर प्रदेश के किसान वैसे तगड़े नहीं होते, जैसे राजस्थान के राजपूत या उत्तर-पश्चिमी भारत के औसत सिख और पठान लोग होते हैं।

जलवायु एवं क्षेत्रीय सुविधा के अनुसार ही लोगों के पहनावे-ओढ़ावे और खान- पान में भी भेद हो जाता है जो भेद भारत में बहुत ही प्रत्यक्ष है। असल में इन भेदों को मिटाकर अगर हम कोई एक राष्ट्रीय ढंग

चलाना चाहें तो उससे अनेक लोगों को बहुत ज्यादा तकलीफ हो जाएगी। उदाहरण के लिए, अगर हम रोटी और उर्द की दाल अथवा रोटी और मांस को देश का राष्ट्रीय भोजन बना दें तो पंजाबी लोग तो मजे में रहेंगे; लेकिन बिहार और बंगाल के लोगों का हाल बुरा हो जाएगा। इसी तरह अगर हम यह कानून बना दें कि हर हिन्दुस्तानी को चप्पल पहननी ही होगी तो काश्मीर के लोग घबरा उठेंगे, क्योंकि पहाड़ पर चलनेवालों के पाँव में चप्पल ठीक-ठीक नहीं चल सकता। पहनावे-ओढ़ावे में भी जगह-जगह भिन्नता मिलती है और पोशाकें भी जलवायु एवं क्षेत्रीय सुविधा के अनुसार ही यहाँ तरह-तरह की फैली हुई हैं।

मगर विविधता का सबसे बड़ा लक्षण यह है कि हमारे देश में अनेक प्रकार की भाषाएँ फैली हुई हैं और इनके कारण हम आपस में भी अजनबी के समान हो जाते हैं। उत्तर भारत में तो गुजरात से लेकर बंगाल तक की जनता के बीच सम्पर्क खूब हुआ है, इसलिए वहाँ भाषा-भेद की कठिनाई उतनी नहीं अखरती। लेकिन अगर कोई उत्तर भारतवासी दक्षिण में चला जाए अथवा कोई दक्षिण भारतीय उत्तर में चला आए और वह अपनी मातृभाषा के सिवा अन्य कोई भाषा नहीं जानता हो तो वह सचमुच बड़ी मुश्किल में पड़ जाएगा। भाषा-भेद की यह समस्या हमारी राष्ट्रीय एकता की सबसे बड़ी बाधा है। राष्ट्रीय एकता में पहले यह बाधा थी कि पहाड़ों और नदियों को लाँघना आसान नहीं था। मगर अब विज्ञान के अनेक सुगम साधनों के उपलब्ध हो जाने से वह बाधा दूर हो गई है। आज अगर देश के एक कोने में अकाल पड़ता है तो दूसरे कोने से अनाज वहाँ तुरन्त पहुँचा दिया जाता है। इसी प्रकार पहले जब देश के एक कोने में विद्रोह होता था तब दूसरे कोने में पड़ा हुआ राजा जल्दी से फौज भेजकर उसे दबा नहीं सकता था और विद्रोह की सफलता से देश की एकता टूट जाती थी। लेकिन आज तो देश के चाहे जिस कोने में भी विद्रोह हो, हम दिल्ली से फौज भेजकर उसे तुरन्त दबा सकते हैं। प्राकृतिक बाधाएँ अब खत्म हो गई हैं। यही कारण है कि आज हमारी एकता इतनी विशाल हो गई है, जितनी विशाल वह रामायण, महाभारत, मौर्य और मुगल जमानों में कभी नहीं हुई थी। अब भी जो क्षेत्रीय जोश

या प्रान्तीय मोह बाकी है, वह धीरे-धीरे कम हो जाएगा, क्योंकि इस जोश को पालनेवाली प्राकृतिक बाधाएँ अब शेष नहीं हैं। मगर भाषा-भेद की समस्या जरा कठिन है और उसका हल तभी निकलेगा, जब हिन्दीभाषी क्षेत्र में अहिन्दी भाषाओं का तथा अहिन्दीभाषी क्षेत्रों में हिन्दी भाषा का अच्छा प्रचार हो जाए। सौभाग्य की बात है कि इस दिशा में काम शुरू हो गए हैं और कुछ समय बीतते- बीतते हम इस बाधा पर भी विजय प्राप्त कर लेंगे।

यह तो हुई भारत की विविधता की कहानी। अब जरा यह देखने की कोशिश करनी चाहिए कि इस विविधता के भीतर हमारी एकता कहाँ छिपी हुई है। सबसे विचित्र बात तो यह है कि यद्यपि हम अनेक भाषाएँ बोलते हैं जिनमें 14 भाषाएँ तो ऐसी हैं जिन्हें भारत सरकार ने स्वीकृति दे रखी है। ये भाषाएँ हैं–हिन्दी, उर्दू, बंगला, मराठी, गुजराती, तमिल, तेलगू, मलयालम, कन्नड़, उड़िया, असामी, पंजाबी, काश्मीरी और संस्कृत। किन्तु भिन्न-भिन्न भाषाओं के भीतर बहनेवाली हमारी भावधारा एक है तथा हम प्रायः एक ही तरह के विचारों और कथा-वस्तुओं को लेकर अपनी-अपनी बोली में साहित्य-रचना करते हैं। रामायण और महाभारत को लेकर भारत की प्रायः सभी भाषाओं के बीच अद्‌भुत एकता मिलेगी; क्योंकि ये दोनों काव्य सबके उपजीव्य रहे हैं। इसके सिवा, संस्कृत और प्राकृत में भारत का जो साहित्य लिखा गया था, उसका प्रभाव भी सभी भाषाओं की जड़ में काम कर रहा है। विचारों की एकता जाति की सबसे बड़ी एकता होती है। अतएव भारतीय जनता की एकता के असली आधार भारतीय दर्शन और साहित्य हैं जो अनेक भाषाओं में लिखे जाने पर भी, अन्त में जाकर एक ही साबित होते हैं। यह भी ध्यान देने की बात है कि फारसी लिपि को छोड़ दें तो भारत की अन्य सभी लिपियों की वर्णमाला एक ही है, यद्यपि वह अलग-अलग लिपियों में लिखी जाती है। जैसे हम हिन्दी में क, ख, ग आदि अक्षर पढ़ते हैं, वैसे ही ये अक्षर भारत की अन्य लिपियों में भी पढ़े जाते हैं यद्यपि उनके लिखने का ढंग और है।

हमारी एकता का दूसरा प्रमाण यह है कि उत्तर या दक्षिण, चाहे जहाँ भी चले जाइए, आपको जगह-जगह पर एक ही संस्कृति के मन्दिर

दिखाई देंगे, एक ही तरह के आदमियों से मुलाकात होगी जो चन्दन लगाते हैं, स्नान-पूजा करते हैं, तीर्थ-व्रत में विश्वास करते हैं अथवा जो नई रोशनी को अपना लेने के कारण इन बातों को कुछ शंका की दृष्टि से देखते हैं। उत्तर भारत के लोगों का जो स्वभाव है, जीवन को देखने की उनकी जो दृष्टि है, वही स्वभाव और वही दृष्टि दक्षिणवालों की भी है। भाषा की दीवार के टूटते ही उत्तर भारतीय और दक्षिण भारतीय के बीच कोई भी भेद नहीं रह जाता और वे आपस में एक-दूसरे के बहुत करीब आ जाते हैं। असल में भाषा की दीवार के आर-पार बैठे हुए भी वे एक ही हैं। वे एक धर्म के अनुयायी और संस्कृति की एक ही विरासत के भागीदार हैं; उन्होंने देश की आजादी के लिए एक होकर लड़ाई लड़ी और आज उनकी पार्लियामेंट और शासन-विधान भी एक हैं।

और जो बात हिन्दुओं के बारे में कही जा रही है, वही बहुत दूर तक मुसलमानों के बारे में भी कही जा सकती है। देश के सभी कोनों में बसनेवाले मुसलमानों के भीतर जहाँ एक धर्म को लेकर एक तरह की आपसी एकता है, वहाँ वे संस्कृति की दृष्टि से हिन्दुओं के भी बहुत करीब हैं, क्योंकि ज्यादा मुसलमान तो ऐसे ही हैं जिनके पूर्वज हिन्दू थे और जो इस्लाम धर्म में जाने के समय अपनी हिन्दू आदतें अपने साथ ले गए हैं। इसके सिवा, अनेक सदियों तक हिन्दू-मुसलमान साथ रहते आए हैं और इस लम्बी संगति के फलस्वरूप उनके बीच संस्कृति और तहजीब की बहुत-सी समान बातें पैदा हो गई हैं जो उन्हें दिनोंदिन आपस में नजदीक लाती जा रही हैं।

धार्मिक विश्वास की एकता मनुष्यों की सांस्कृतिक एकता को जरूर पुष्ट करती है। इस दृष्टि से एक तरह की एकता तो वह है जो हिन्दू-समाज में मिलेगी, जो मुस्लिम समाज में मिलेगी, जो पारसी या क्रिस्तानी समाज में मिलेगी। लेकिन धर्म के केन्द्र से बाहर जो संस्कृति की विशाल परिधि है, उसके भीतर बसनेवाले सभी भारतीयों के बीच एक तरह की सांस्कृतिक एकता भी है जो उन्हें दूसरे देशों के लोगों से अलग करती है। संसार के हर एक देश पर अगर हम अलग-अलग विचार करें तो हमें पता चलेगा कि प्रत्येक देश की एक निजी सांस्कृतिक विशेषता होती

है, जो उस देश के प्रत्येक निवासी की चाल-ढाल, बातचीत, रहन-सहन, खान-पान, तौर-तरीके और आदतों से टपकती रहती है। चीन से आनेवाला आदमी विलायत से आनेवालों के बीच नहीं छिप सकता और यद्यपि अफ्रीका के लोग भी काले ही होते हैं, मगर वे भारतवासियों के बीच नहीं खप सकते। भारतवर्ष में भी यूरोपीय पोशाकें खूब चली हुई हैं, लेकिन यूरोपीय लिबास में सजे हुए सौ हिन्दुस्तानियों के बीच एक अंग्रेज को खड़ा कर दीजिए, वह आसानी से अलग पहचान लिया जाएगा। इसी तरह भारत के हिन्दू ही नहीं, बल्कि हिन्दुस्तानी, क्रिस्तान, पारसी और मुसलमान भी भारत से बाहर जाने पर आसानी से पहचान लिये जाते हैं कि वे हिन्दुतानी हैं और यह बात कुछ आज पैदा नहीं हुई है, बल्कि इतिहास के किसी भी काल में भारतवासी भारतवासी ही थे तथा अन्य देशों के लोगों के बीच वे खप नहीं सकते थे। यही वह सांस्कृतिक एकता या शक्ति है जो भारत को एक रखे हुए है। यही वह विशेषता है जो उन लोगों में पैदा होती है जो एक देश में रहते हैं, एक तरह की जिन्दगी बसर करते हैं और एक तरह के दर्शन और एक तरह की आदतों का विकास करके एक राष्ट्र के सदस्य हो जाते हैं।

ऊपर एक जगह हमने भूगोल को दोष दिया है कि उसने पहाड़ों और नदियों के द्वारा इस देश को भीतर से बाँट रखा है, जिससे इस देश में क्षेत्रीय जोश और प्रान्तीय भावनाओं के विकास के लिए मौका निकल आया है। मगर हम भूगोल का उपकार भी नहीं भूल सकते। भारत के भीतर यद्यपि प्रान्तीय भेदों को लिये हुए अनेक क्षेत्र मौजूद हैं, लेकिन इन तमाम भिन्नताओं को समेटकर भारत को एक पूर्ण देश बनाने का काम भी हमारे भूगोल ने ही किया है। पहाड़ों और समुद्रों से घिरे हुए इस विशाल देश में जो मौलिक एकता का भाव है, वह हमारे भूगोल की देन है। भीतर से कुछ-कुछ बँटा हुआ और बाहर से बिलकुल एक। भारत की यह विशेषता बहुत पुरानी है। यह ठीक है कि प्रान्तीयता के जोश में आकर कोई-कोई क्षेत्र राष्ट्र की एकता से अलग होकर अपना स्वतन्त्र अस्तित्व कायम करने के लिए जब-तब कोशिश करते रहे हैं, मगर यह भी ठीक है कि सारे देश को एकच्छत्र शासन (चक्रवर्ती-राज्य) के अन्दर लाने

का सपना भी यहाँ बराबर मौजूद रहा है। देश की इस मौलिक एकता के भाव ने प्रान्तीयता के सामने कभी भी हार नहीं मानी। भारतीय इतिहास की सबसे बड़ी शिक्षा यह है कि इस देश में राष्ट्रीयता और प्रान्तीयता के बीच बराबर संघर्ष चलता रहा है। कभी तो ऐसा हुआ कि किसी बलवान राजा के अन्दर देश एक हो गया और कभी ऐसा हुआ कि इस एकता में कहीं पर प्रान्तीयता ने छेद कर दिया और फिर उस छेद को भरने की कोशिश की जाने लगी।

प्राचीन भारत में चक्रवर्ती सम्राट कहलाने के लिए यहाँ के राजे अक्सर बड़ी-बड़ी लड़ाइयाँ लड़ा करते थे। मगर इन लड़ाइयों के भीतर सिर्फ यही भाव नहीं था कि राजे अपना प्रभुत्व फैलाना चाहते थे। कुछ यह बात भी थी कि इस देश की भौगोलिक परिस्थिति ही सारे देश को एक देखना चाहती थी और भौगोलिक परिस्थिति की इस प्रेरणा से देश के सभी बड़े राजे इस बात के लिए उद्योग खड़ा कर देते थे कि सारा देश उनके अन्दर एक हो जाए।

भूगोल ने भारत की जो चौहद्दी बाँध दी है, उसके साथ दस्तन्दाजी करने की कोशिश कभी भी कामयाब नहीं हुई। सीमा के बाहर की दुनिया से भारत को अलग रखकर उसे भीतरी एकता के सूत्र में बाँधने की प्रेरणा यहाँ के भूगोल की सबसे बड़ी शिक्षा रही है, और इसी प्रेरणा के कारण वे लोग बराबर असफल रहे जो देश के भीतर के किसी भाग को प्रान्तीयता के जोश में आकर स्वतन्त्र राज्य का रूप देना चाहते थे। भारत का कोई भी भाग समूचे भारत से अलग जाकर स्वतन्त्र होने की चेष्टा करे, यह अस्वाभाविक बात है। इस तरह यह भी अस्वाभाविक है कि हम दुनिया के किसी ऐसे हिस्से को भारत के साथ बाँध रखने की कोशिश करें जो भारत की चौहद्दी से बाहर पड़ता है और जिसे भारत का भूगोल अपने भीतर पचा नहीं सकता। दुनिया के हिस्से को काटकर उसे भारत के साथ मिला रखने का काम उतना ही अप्राकृतिक साबित हुआ है जितना कि हिन्दुस्तान के किसी अंग को काटकर उसे अलग जिन्दा रखने की कोशिश। मौर्यों ने एक समय कन्धार (अफगानिस्तान) को भारत में मिला लिया था। लेकिन कन्धार भारत में रखा नहीं जा सका। यूनानियों

ने पंजाब को काटकर कन्धार में मिला लिया था; मगर उनकी भी कोशिश बेकार हुई और पंजाब भारत में वापस आ गया। महमूद गजनी ने काबुल में बैठकर भारत पर राज्य करना चाहा, लेकिन इस अस्वाभाविक कार्य में उसे सफलता नहीं मिली। पठान बादशाहों ने दिल्ली में बैठकर पश्चिमोत्तर सीमा के पार की जमीन पर हुकूमत करनी चाही मगर वे भी नाकामयाब रहे। सिन्ध पर जब मुसलमानों ने पहले-पहल कब्जा किया, तब वे भी चाहते थे कि सिन्ध ईरान का अंग रहे और वे ईरान से ही उस पर हुकूमत चलाएँ, लेकिन यह भारत के भूगोल के खिलाफ बात थी, इसलिए उनकी कोशिश भी बेकार हुई। असली बात यह है कि जैसे दुनिया के और भी कोई देश दुनिया से अलग और अपने-आपमें पूर्ण हैं, वैसे ही प्रकृति ने भारतवर्ष को भी एक स्वतन्त्र देश के रूप में सिरजा है, जो दुनिया से अलग और अपने-आपमें पूर्ण है तथा जिसके भीतर बसनेवाले सब लोग भारतीय हैं।